丝路考古研究经典译丛

赵莉 主编

新疆大学历史学院
新疆龟兹研究院 编

1909-1910年
俄罗斯新疆探险考察初步简报

〔俄〕С.Ф.奥登堡 编著
杨军涛 李新东 译
赵莉 校

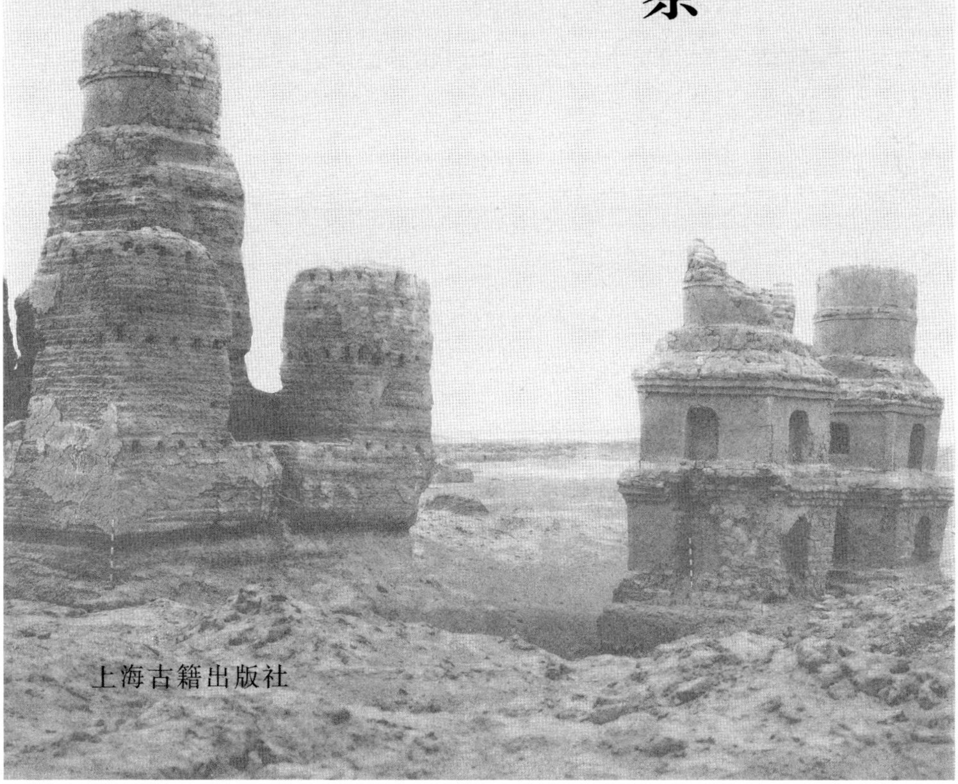

上海古籍出版社

本书为

国家出版基金资助项目

国家社科基金重大项目资助

古代丝绸之路是东西方文明交汇之路,经由丝绸之路,中国与亚欧大陆各国开展了广泛的商贸、人文交流,推动了中华文化的海外传播,共同推进了人类文明的发展进程。

"丝绸之路"一词最早由德国地理学家费迪南·冯·李希霍芬(Ferdinand Von Richthofen)于1877年在其著作《中国——我的旅行成果》中提出,德文原词为"die Seidenstrasse",英文为"the Silk Road"。这个术语主要是指汉代长安(今西安)与中亚之间的交通往来路线,因为这条路线上西运的货物中以丝绸制品的影响最大,故得名"丝绸之路"。"丝绸之路"一词的提出,标志着对这条连接东西方的古代贸易和文化交流路线的正式命名和学术关注,不仅有助于学者们对古代中西交通路线的研究,而且也促进了对沿线地区历史、文化、经济等多方面的深入探讨,对于促进中亚地区与我国的文化交流也有着深远的影响。在当代,"一带一路"倡议的提出,更是将这一历史名称赋予了新的现实意义,促进了沿线国家的文化交流与合作。

19世纪中叶,随着西方列强瓜分殖民地的竞争加剧,对亚洲内陆地区的兴趣日益增加,探险家们被派遣到这些地区进行考察,以探查潜在的资源和地理信息。随着工业革命的推进,交通工具和通讯技术得到显著改善,使得深入内陆地区进行长期考察成为可能。当时的学术界对于古代文明和历史的研究兴趣浓厚,丝绸之路作为连接东西方的重要通道,其历史、文化和考古价值吸引了众多学者的关注。地处亚洲腹地的西域再度吸引了世人的目光，成为世界性的热门探险目的地，数十支西方探险队深入"亚洲的心脏"，从事地理、气象、生物学、考古、民族、宗教、艺术等领域的科学考察，所谓"西域学"在西方勃兴起来。

在此背景下，欧美等国探险队相继来到我国西北地区进行探险考察活动，到19世纪末、20世纪初达到了高潮。这些探险考察队来自瑞典、俄国、英国、德国、法国、日本、美国和芬兰等国，其中俄国人的探险考察队数量最多。探险家中有瑞典的斯文·赫定、俄国的普尔热瓦尔斯基和科兹洛夫以及奥登堡、英国的斯坦因、德国的格伦威德尔和勒柯克、法国的伯希和以及日本的大谷光瑞和橘瑞超、美国的亨廷顿、芬兰的曼纳林（马达汉）等。这些探险考察队的活动范围很广，涉足地域包括中国新疆、甘肃、蒙古地区、青藏高原、四川等地，考察内容则涉及地理、气象、动植物学、历史、考古、民族、语言、宗教、艺术、民俗以及政治、经济、军事等领域。

普尔热瓦尔斯基四次到新疆探险，首次到达罗布泊，并对该地区的自然和人文环境进行了详细的考察。他对罗布泊的考察和普氏野马的发现，对后来的研究产生了深远的影响。斯文·赫定则以其在新疆的探险活动而闻名，他的工作不仅增进了人们对新疆地理和文化的认识，也为后来的科学研究提供了宝贵的资料。这些探险家在中国西北地区的探险考察活动，开启了西方人的中国西部地理大发现时代，促进了对丝绸之路历史和文明的研究。探险考察活动同时也伴随着对当地文化遗产的掠夺和破坏。例如，斯坦因在敦煌莫高窟的考察中，以极少的白银从王道士手中换取了大量的写经、文书和艺术品，这些文物后来成为国际敦煌学的重要研究资料。斯坦因在新疆的探险考察活动中，盗掘和非法携带了大量文物出境。勒柯克在新疆的克孜尔石窟、库木吐喇石窟和柏孜克里克石窟等肆无忌惮地揭取壁画，留下的是千疮百孔、满目疮痍的惨景，给整体研究工作造成了无法弥补的损失。

对于这些外国探险家的活动，学术界有着不同的看法。一些学者认为，他们的探险活动是列强侵华行为的一部分；而另一些学者则认为，尽管他们的活动可能带有某种政治目的，但他们的考察实录和成果对后来的研究具有重要的参考价值。通过探险家的视角，我们可以更深入地理解不同文化之间的交流与互动。毫无疑问，这些探险考察活动带有掠夺性质，对遗址和文物的破坏性极大。但客观上讲，这些探险考察的活动都是中国西北地区历史的一部分，探险家们的发现和记录至今仍对我们具有借鉴的意义。

探险考察报告反映了当时的国际关系和政治动态，对现代国际关系的形成和发展提供了历史背景，具有重要的历史和文化价值。这些报告不仅记录了丝绸之路的历史遗迹和文化，而且为我们今天研究丝绸之路沿线国家和地区的历史、地理环境、社会状况、文化交流、民族关系、宗教艺术等提供了宝贵的第一手资料。

伴随着考察探险，丝绸之路沿线国家和地区的大量文物流失海外。目前，流失的新疆文物分布于世界各国的收藏机构中，包括德国柏林亚洲艺术博物馆、俄罗斯艾尔米塔什博物馆、大英博物馆、韩国国立中央博物馆、日本东京国立博物馆和美国大都会博物馆等。各国出版的考察报告和考古研究成果是我们研究古代西域文明不可或缺的基础性资料。现代学者需通过国际合作，借助早期探险队报告和文物图录等，努力将这些文物的信息和研究成果回流，进行复原研究，以期恢复文化遗产的完整性和原貌。相关书籍涉及多种语言文字，对国内学者来说，存在资料收集和阅读的困难，亟需得到翻译。过去已翻译的个别著作，也需要和原文对照进行校订并重译。

通过翻译和普及丝绸之路考古研究经典著作，不仅可为学术界提供一手资料，也能够提高公众对丝绸之路历史和文化重要性的认识，增强文化自信和历史责任感，对现代教育、文化交流和国际合作等多方面具有重要贡献。

"丝路考古研究经典译丛"所选考察报告和研究著作的作者均是国际学界公认的研究丝绸之路的权威学者。这套丛书不仅展现了丝绸之路的考古研究成果，更重要的是揭示了中国古代文化与中亚诸文化的密切关系，对于推动"一带一路"倡议的沿线国家加强文化交流互鉴，构建文化交融的命运共同体具有重要意义。

是为序。

赵 莉

2024 年 8 月 30 日

1909—1910 年俄罗斯新疆探险考察初步简报

由在沙皇陛下庇护下成立的俄罗斯中亚与东亚研究委员会
奉最高指示装备派遣

文外图版 53 张、平面图 1 张和文中插图与平面图 73 张
根据艺术家 C.M. 杜金的照片和绘画
与工程师 Д.A. 斯米尔诺夫的平面图

根据皇家科学院的命令出版

常任秘书 C. 奥登堡院士

1914 年 5 月

皇家科学院出版

圣彼得堡

1914 年

Foreword 前言

当奉皇帝陛下的旨意成立的俄罗斯中亚与东亚研究委员会给予我荣誉,选我担任俄罗斯新疆考察队的队长时,我向委员会特别小组陈述了我对第一次调查性探险考察必要性的看法:除了格伦威德尔教授的第一次探险考察,当时英国、德国、法国的探险考察队尚未出版任何著作,因此那时在圣彼得堡根本无法解决一个问题,即要在哪儿开展系统工作;我正是对在个别专家之间划分单独的地点,遵循考察研究工作公认的一般原则和方法,有计划地联合考察研究中国新疆感到了不足,但很遗憾,即使是现在也还无法改变。委员会赞同我的初步看法,随后也同意了我向委员会呈送的初步报告。

根据我们在中国新疆的所见和在那里的工作情况,我们相信,为了顺利开展工作,除了工作人员的个人特长外,当然还必须具备以下条件:首先需要在技术和专业上经过科学培训的人,因为找到的文物会从科学和技术方面提出一系列问题,只有专业人员能够解答它们,而且常常必须在将材料转运回欧洲之前解决它们。然后必须对当地进行测绘,因为没有多少适用的地图,而没有地形学的详细说明则无法解决许多最重要的问题,这会延缓整个工作,并因此而无法结束。必须要有平面图,没有它们就无法研究古代的建筑,同时它对查明不同建筑形式的相互作用问题也极为重要。更严重的是,黏土和土坯建筑,特别是古城中的,会很快坍塌、毁坏,进而在田野上沤烂成一堆肥料。描摹图和素描图十分必要,但是在检验照片时,经常发现单独一张照片无法提供任何确实可信的东西,素描图和描摹图也会出错；只有将手绘图与机械复制品结合起来才能提供可靠的保证。这些说明对在其他考古领域工作的人来说是多余的，但我相信，现在所有研究中国新疆古迹的前辈和同行在回忆起当地所见时都会同意我所说的。

我认为，本初步简报将清楚地介绍我们在哪里和如何工作的：艺术家和摄影师萨缪尔·马尔迪诺维奇·杜金（Самуил Мартынович Дудин）、采矿工程师德米特里·阿尔先耶维奇·斯米尔诺夫（Дмитрий Арсеньевич Смирнов）和我。几乎所有照片都是杜金拍摄的；几乎所有的平面图都是斯米尔诺夫绘制的；我研究材料，总体监督和指导，并拍摄、绘制了少量的照片和示意图。在初步报告中详述我的考察和研究结果，并陈述自己对各种文物古迹的观点和看法，我认为还为时尚早：它们将首先用于专业文章，然后才是详细报告，我有可能活到那个时候。

帮助过我们的人很多，以致我无法将他们所有人都列举出来，因此仅代表我的团队和个人向他们表达深深的谢意，所有有机会去西方文化尚未触及之地旅行的人都知道，欧洲人的帮助，特别是本国同胞的帮助常常是多么需要，多么珍贵。

在出发去考察前，我们同我们的朋友格伦威德尔教授、伯希和教授以及赴中国新疆的先行者们进行了商议。在提出警告的同时，他们广泛地与我们分享了自己的经验、印象和科学材料——向他们两人致以真诚的朋友般的感谢。

我们怀着深深的感激之情回想起俄罗斯驻乌鲁木齐领事 Н.Н. 克罗特科夫（Кротков）为探险考察队所做的一切：他对中国新疆古迹的启蒙性关注、浓厚兴趣和时刻准备为我们提供帮助，都令我们对他深怀感谢。

在返途中，我也得到了我们驻喀什的领事谢尔盖·瓦西里耶维奇·索科夫（Сергей Васильевич Соков）的全面支持，请允许我对他的帮助表示诚挚的敬意。

在俄罗斯边境，我们从边境管理部门得到了少有的提醒：这是驻边区和中国境内的俄罗斯代表的提醒，我们受益良多。向他们所有人表示深深的感谢。

在回忆我们得到这么多人各种各样的帮助时，我们不能以沉默绕过我们谦逊的助手，探险考察队能够从中国新疆运出一定数量的宝贵科学材料，在很多方面都要归功于他的机灵、诚实及其对科学工作的兴趣。我们指的是我们的翻译鲍苏克·捷米罗维奇·霍霍（Босук Темирович Хохо）。

皇家科学院划拨了足够资金出版本报告，让我们算是完成了由派遣我们探险考察队的俄罗斯中亚和东亚研究委员会下达的那些课题任务。

在忙于常任秘书承担的科学院院务委员会各式各样的工作过程中，撰写并出版这一简报的自由时间极少。虽然如此，如果我们在新的探险考察队出发前得以将其出版，那么我们将全部归功于乌拉基米尔·瓦西里耶维奇·诺尔德海姆（Владимир Васильевич Нордгейм），他不仅一直监督着本书的出版印刷，而且阅读了校样。我们认为必须深深感谢他的关心和建议，并请他接受这份感谢。

谢尔盖·奥登堡

1914 年 5 月 21 日

Contents 目录

序 ...... 赵 莉 1

前言 1

第一章 圣彼得堡至锡克沁之路 1
    圣彼得堡—乌鲁木齐、乌鲁木齐—焉耆：柴窝堡、乌什塔拉、焉耆、登齐尔 2

第二章 焉耆地区 7
    锡克沁 8
        1. 寺院 11
        2. 石窟 17

第三章 吐鲁番地区 31
    一、交河故城 32
    二、古吐鲁番 36
    三、高昌古城 37
    四、阿斯塔纳的台藏塔 43

五、吐鲁番以北的小峡谷 …… 45
　　1. 库鲁特卡 …… 45
　　2. 塔雷克布拉克 …… 47
　　3. 萨西克布拉克；4. 西旁 …… 51
六、胜金口 …… 52
七、柏孜克里克 …… 60
八、木头沟村附近的遗址：伯西哈、霍扎姆布拉格、帕卡布拉克 …… 63
九、七康湖及周围地区 …… 65
十、吐峪沟麻扎 …… 66
十一、色尔克甫、连木沁峡谷 …… 70

第四章　库车地区 …… 73
　　一、明腾阿塔 …… 75
　　二、苏巴什 …… 79
　　三、森木塞姆 …… 83
　　四、克里什 …… 84
　　五、克孜尔尕哈 …… 86
　　六、克孜尔 …… 87
　　七、库木吐喇 …… 90
　　八、铁吉克与托乎拉克艾肯 …… 92
　　九、达坂库姆沙漠中的古城 …… 93

第五章　在吐鲁番地区发现的一些古代物品 …… 97

第六章　图版部分 …… 107

第一章

圣彼得堡至锡克沁*之路

---

* 锡克沁佛寺遗址已由国务院于2001年6月25日公布为全国重点文物保护单位,使用名称"七个星佛寺遗址"。

圣彼得堡—乌鲁木齐、乌鲁木齐—焉耆：
柴窝堡、乌什塔拉、焉耆、登齐尔

1909年6月6日，俄罗斯中亚与东亚研究委员会奉旨派遣赴中国新疆部分地区进行考古调查的探险考察队从圣彼得堡出发。谢尔盖·费多罗维奇·奥登堡受委托领导探险考察队，艺术部分的工作和拍照工作托付给了艺术家萨缪尔·马尔迪诺维奇·杜金，测量和绘制平面图交给了采矿工程师德米特里·阿尔先耶维奇·斯米尔诺夫，考古学家乌拉基米尔·伊万诺维奇·卡缅斯基（Владимир Иванович Каменский）负责监督发掘，他是在刻赤博物馆工作的萨姆松·彼得罗维奇·彼得连科（Самсон Петрович Петренко）邀请来帮忙的。很遗憾，在塔城到乌鲁木齐的途中，В.И.卡缅斯基和С.П.彼得连科生病了，他们不得不从乌鲁木齐返回了俄罗斯。

我们乘火车从圣彼得堡到鄂木斯克，从鄂木斯克到塞米巴拉金斯克则是乘坐轮船。在塞米巴拉金斯克，我们收到了早先以包裹形式邮寄来的装备物资，重新装备好物资，在卡缅斯基兄弟（Бр.Каменских）办事处代办的积极协助下，乘坐远程四轮马车前往塔城，并于6月22日抵达那里。在塔城，补充装备完物资，购买了马匹，雇用了翻译鲍苏克·捷米罗维奇·霍霍，他在衙门也任翻译，来自哈密。在这里，领事馆负责人К.В.卢契奇（Лучич）、卡缅斯基兄弟办事处代办А.П.利亚普诺夫（Ляпунов）和邮电所所长М.В.格列宾金（Гребенкин）向考察队提供了积极帮助。6月29日，我们骑马和乘坐远程四轮马车从塔城出发了，马车带有运行李用的四轮车。从塔城到焉耆的道路，因为经常旅行已是非常熟悉，所以我们在途中未作停留。我们认为，只需指出地图上一系列不确实的地名，以及这些地图上标注的大路方向和确定距离的错误。

夏季，主要是因为随处可见的臭水和牛虻，要认清塔城至乌鲁木齐的道路略有些困难。沿途有许多坟丘，但考察队未做任何发掘，因为计划仅在天山以南开始发掘工作。我们仅是在日记中做了相关的标注，并拍摄了一些照片。

在乌鲁木齐，领事 Н.Н. 克罗特科夫怀着罕见的喜悦接待了我们，他在整个考察期间向考察队的成员们提供了最积极的帮助。在距乌鲁木齐约 60 俄里（译者注：1 俄里 = 1.06 公里）的山中，我们在 Н.Н. 克罗特科夫那儿住了几天。在这期间，我们仔细察看了位于乌鲁木齐河谷地的乌拉泊古城遗址，绘制了总的平面图，拍摄了照片，并对一小山丘略做发掘，以前这里立有某个建筑物，也许是座小庙堂。

8 月 4 日，С.Ф. 奥登堡、С.М. 杜金和 Д.А. 斯米尔诺夫在翻译鲍苏克·捷米罗维奇·霍霍、领事馆护卫队的两名哥萨克罗曼诺夫（Романов）和西兰契耶夫（Силантьев）、伙夫扎哈利（Захари）和马夫比萨姆巴伊（Бисамбай）的伴随下，从乌鲁木齐出发，途经托克逊前往焉耆。

正如一开始计划的，考察队决定不从吐鲁番绿洲，而是从焉耆周围地区开始工作，因为在乌鲁木齐有人说服我们，吐鲁番的炎热会增加我们工作的强度。这些担心未必是对的，看来在吐鲁番也完全可以全年工作。我们骑马，东西装在马车上、"马爬"*上，还有一些回族赶车人。

在柴窝堡附近，С.М. 杜金拍摄了一些坟丘照片。翻越群山不是太困难，但继续前往托克逊的路途在暑期略感艰难。这段路途的特点在这里的插图 1 中可见。这张照片展现的是帕尔恰-萨尔果勒［Парча-саргол，我们听到的是这样，在地图上是帕尔佩-索尔冈（Парпы-солган）］至托克逊之间谷地中的一段路。为调查乌什塔拉以北山中的佛教石窟和村子以南的古城遗址，考察队在乌什塔拉停留了三天。在中国新疆，总之也像在各地一样，当地人关于遗址和石窟的故事都异乎寻常地夸大了；因此，在这里他们将一个石窟弄成三个，而且为了使其具有重要意义，很少见地告知我们，卡尔梅克人（蒙古人）说，石窟不是卡尔梅克人的：当地人一般将

---

* 维吾尔语 мәпә/mäpä，指双轮轻便马车、四轮轿式马车。

插图1：托克逊前谷地中的道路

国内常见的所有佛教古迹称为卡尔梅克人的。我们绘制了遗址平面图并拍照，在那里进行了完全是无足轻重的实验性发掘，我们觉得它们很可能是要塞。这处遗址距离村子约15俄里。石窟则位于乌什塔拉村西北约7—8俄里的山中，在小河的左岸，距离山中的发源地不远。石窟开凿在高高的陡崖峭壁上。它经受了时光异乎寻常的洗礼，仅保留下来微弱的壁画痕迹，根据壁画可以得出结论，绘画风格为汉风，描绘了千手或至少是多手观音菩萨，大概是阿弥陀佛极乐世界以及其他题材。我们绘制了平面图和一些描摹图、素描图，拍摄了照片，并取走了一块不大的壁画样本。

在过了小地方塔别勒古（Табельгу）之后约12俄里，在路左边大概是残余的小窣堵婆（佛塔）和某座建筑。走近焉耆，也发现了不同的残余古建筑，但经历时间磨损得这般严重，甚至仅复原其总的平面图大概都很困难。过了焉耆，在登齐尔（Дензиль）村附近有一排残余的古迹，主要是古老的土围墙。近山处，是佛教寺院遗址和其他建筑遗迹。在锡克沁的这座寺院，我们也停留了较长的时间。当地人简称寺院为明屋，但在不断地询问下得知名叫锡克沁；大概也这样称呼最近的地点，不过一些当地人在询问时称该地为包尔海。普鲁士探险考察队根据通往库尔勒最近的驿站称之为绍尔楚克遗址[1]。

我们认为必须在这里预先忠告，不要过于相信路人告知的地名：中国新疆的当地人在大多数情况下不赋予地名意义，会经常从不同的人那里听到同一地点的不同名称。为证明这个或那个地名的正确性，必须长期逗留，并很仔细地对待来自各方面的地名问题。还有一种情况也会导致产生错误名称：大部分旅行者都不掌握地方语言，因此不得不依靠自己的翻译；而这些翻译经常是柯尔克孜族人、蒙古族人或回族人，这样名称就不是用当地发音说出来的，而是带有翻译者的方言特点；我们地图上那些令专业人员惊讶的地名就是这样来的，因为它们体现了不同于当地居民的异地方言的特点。现在，需要专业人员对现有的中国新疆地理名录进行非常认真仔细的核对，并纠正其中的错误。

---

[1] 斯文·赫定称该驿站为绍尔吉克（Schortjik）。在库罗帕特金（Куропаткин）和雷格尔（Регель）的地图上是锡克沁，A. 斯坦因爵士也采用锡克沁的名称。

第二章

焉耆地区

锡 克 沁

8月28日，我们开始着手在锡克沁的工作。在锡克沁，我们按以下方式进行工作：Д.А.斯米尔诺夫绘制总平面图和一些独立建筑物的平面图（参见书中所附的平面图），С.М.杜金拍照，而我除了全面监督考察工作外还记录遗址，并试验性地清理寺庙建筑物F4，以前有人在该建筑的个别部分发掘过[1]，但看起来缺乏一定的系统方法。还在其他地点进行了一些单独的小规模清理。考虑到我们考察的主要任务是调查，再加上在这里安排的时间也有限，我们决定放弃规模较大的系统发掘工作，特别是在以前已经被人胡乱挖过的地方不做复杂的发掘。

在锡克沁及后来在其他地方工作时，我们从一开始就遇到了令人伤感的情况，我们几乎完全不知道之前的探险考察队是在哪儿、如何工作的：不论是在锡克沁，还是在吐鲁番绿洲，我们都未发现正确和系统的发掘痕迹，也不能确定是否真的做过那样的发掘，也许发掘痕迹已被当地人破坏。当地人在欧洲人挖过的地方附近不停地挖掘，他们认为欧洲人在寻找埋藏的财宝。在锡克沁，在远离居民点的地方，当地人的挖掘也许少些。不管怎样，在锡克沁没有为查明某些建筑平面结构及其相互关系而进行发掘的痕迹，只有寻找物品留下的痕迹。这里，我们不得不说，中国新疆的考察研究在考古学上蒙受了巨大的损失，这主要是因为完全没有工作计划，特别是因为所有探险考察队，甚至是持续时

---

[1] A.冯·勒柯克博士和A.斯坦因爵士大概也在这里发掘过：格伦威德尔：《新疆古佛寺》（*Altbuddhistische Kultstätten in Chinesisch Turkestan*），第191—211页；斯坦因：《中国沙漠中的遗址》（*Ruins of Desert Cathay*），第365—371页和图版265—272、274；赫定：《1894—1897年我在中央亚细亚旅行获得的地理和科学成果》（*Din geographisch-wissenschaftlichen Ergebnisse meiner Reisen in Zentral Asien, 1894–1897*），第68页。

间最长的探险考察队实质上都是调查性的，且其主要目的是寻找写本和物品。在大量古代遗存覆盖的新疆辽阔土地上，在完全缺乏令人满意的地图的情况下，当考察队不愿在某地集中精力工作时，也不可能不这样。在困难情况下，长途跋涉重复考察，其本质上都是调查性的，似乎都被迫终止。这说明，中国新疆，至少是我们可以认识和了解的新疆北部，所有地方都未被系统考察研究过，且未进行过彻底的发掘。

锡克沁明屋是被称为山地寺院的遗存，几乎与低矮小山丘平行分布成三排。这些小山丘被小谷地分成两半，从一座小山丘的山麓涌出略微苦咸的泉水，小谷地因泉水流出的小溪而变成了沼泽（参见平面图）。向南和向西可见远处的群山，而附近是一些小山丘和一条有胡杨树的干涸河床。西北方，在不高的山丘斜坡上有遗存的 11 个石窟（参见平面图，插图 13）；很可能，最初它们要多些，其中一些现已完全被填埋了。我们还发现了残存的壁画和塑像，这清楚地说明了石窟与寺院的紧密联系，格伦威德尔教授已经在关于高昌古城及吐鲁番以北峡谷中石窟的记录描述中指出过这种联系。

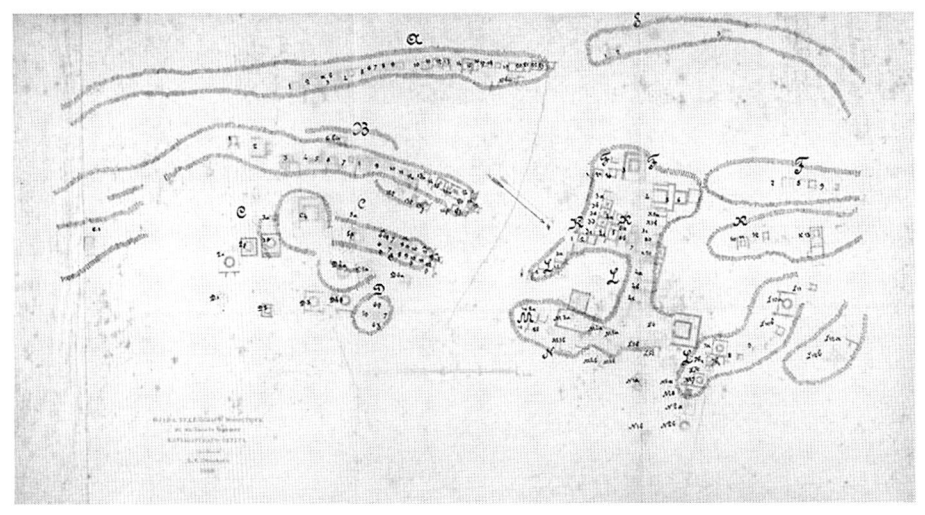

焉耆地区锡克沁佛教寺院平面图（Д.А. 斯米尔诺夫 1909 年绘制）

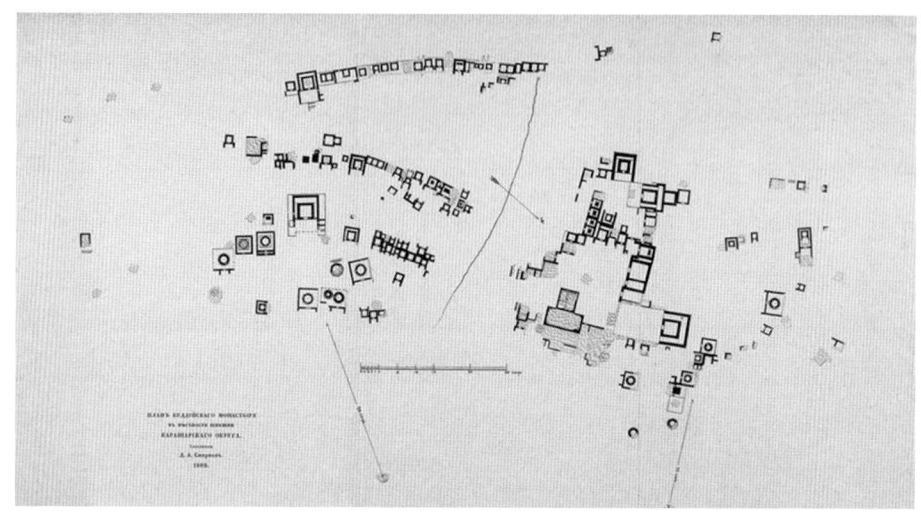

焉耆地区锡克沁佛教寺院平面图（Д.А. 斯米尔诺夫 1909 年绘制）

　　即使对锡克沁走马观花也会注意到，我们在这里接触到的完全是不同时期的遗存，因为一些塑像具有近乎犍陀罗的特征，而另一些则完全是汉风，并且是最新的风貌。我们认为，当尚未完全研究前辈们从中国新疆运回的材料时，要确定其准确的年代还为时过早。现在，很容易看到那里的年代差异，实际上我们认为也许仅有民族差异，因为必须记住，各种不同的民族在中国新疆汇集并生活在一起。我们准备这样假设，在部分社区，印度人聚居的社区或保持印度传统习惯的社区——我们知道，在中国新疆有不少印度僧侣，他们喜爱古老的模具，而且在这里利用旧模具压造新塑像，或简单地复制旧塑像。其实，事情并未因此改变，因为我们肯定仍会发现古老的、印度的或深受印度影响的模具。现在，重要的是将可接触到的全部材料进行分类，使不同的记录相互接近，并竭力查明石窟壁画和建筑物壁画的原则和主题及其建筑艺术。在我们的报告中，将详细研究清楚这些建筑遗存，说明我们如何遇到它们，并给出所有建筑的大比例尺平面图；这项工作由 Д.А. 斯米尔诺夫负责进行，然后我们俩一起检查核对；将配以 С.М. 杜金拍摄的照片形象地说明这些平面图。现在，我们仅限于上面提及的总平面图，正如我们认为的，它将完全清楚地呈现小山丘边缘及其附近建筑物的分布情况。正如已经指出的，锡克沁保留着无序挖掘的痕迹，此外，其某些部分老早以前就遭受了火灾的严重毁坏。但我们没有根据和理由，如 A. 斯坦因爵士所认为的，可以将这些火灾归咎于早先的伊斯兰教扩张。

1. 寺院

我们严格遵循一种发掘原则，即有计划地发掘并将其进行到底，所以我们仅发掘了寺庙 F4 的大部分，它以前多多少少已被人无序地挖掘过，已知的大概有 A. 斯坦因[1]爵士，因为他公布了这座寺庙的塑像照片，他称该寺为 Mi XIII。我们未发掘寺庙的中室，因为这会需要很长时间，而我们又不愿像之前别人那样仅在各个角落挖坑。

我们在甬道中发现了中国新疆从库车地区至吐鲁番地区的寺庙和石窟中极

插图 2、3：泥塑头像（锡克沁 F4）

---

[1] 斯坦因：《中国沙漠中的遗址》，图 267。图中用字母 A 将 F4 标注为 Mi XIII。但在图 269 上，在一组塑像的下方注明它们出自 Mi XI，但根据我们的照片大概可以看出，这是同一组；同时，它塑造的是 F4 中，即斯坦因的同一寺庙 Mi XIII 中涅槃佛床头旁的人物；当然也许，斯坦因的塑像还是属于另一个几乎相同的涅槃，因为我们知道，这一场景在锡克沁的其他建筑中也有。但较为可靠的是，两处指的都是 F4。

为常见的场景"伟大的逝者"——涅槃塑像。很遗憾，由于太阳照不到室内，潮湿严重损坏了塑像，因此精美的塑像可怜残剩无几，让人无法准确说出整个场景的构成。中央是庞大的卧佛像，头部只保存下来若干碎块。可见贴金痕迹：根据典范的观念，躯体显然亦曾贴金，在半暗的寺庙中，金体在灯盏的照耀下应能产生惊人的效果；沿墙，在佛的头端和足端，不高的平台上是一些哀悼佛陀的人物像。塑像中无疑仅可认出一尊：扑倒在导师脚旁地上的僧人——阿难。在导师脚对面的侧壁旁靠近出口处，有残余场景，我暂时不能辨别出来：中间是某种建筑物（塔？）或柱，其周围缠绕着绳索，上套大象和公牛，每个动物旁各有一人在催赶和助推。建筑物（或柱）前跪着一个人，侧边倚靠着一个人，单膝下跪，另一人俯身向着他。场景制作很美，充满动感和富有表现力。龛中，在"山"景的上面是某个佛的形象；大象右边是跪着的人物群像。总之，尽管存在整体制作缺陷，但这尊塑像因形象的组成和处理可直接归入最好的犍陀罗样本。A. 斯坦因爵士已经指出了这些焉耆塑像与犍陀罗及和田的联系[1]。本文中的一些照片和三张图版（III—V）是 F4 的塑像照片，我们认为，根据它们可以清楚地认识这些塑像。在卧佛对面，是完整的一排制作精美的塑像，极难处理，只能部分地清理，即对它们进行拍照，潮湿将它们变得如此脆弱易碎，以致不得不用小毛刷花费数小时清理它们并使其变干。因为一些塑像仅躯体下部保存下来，而其他塑像只剩下模糊的身影，甚至难以猜测这一场景组成的意义。几乎无疑的只有一点，即我们在这里未遇见分佛舍利，它在中国新疆的石窟和寺庙中通常位于涅槃的对面。

我们认为，寺庙中大概还是塑造有分舍利的场景，从发现大量被称为释迦"骑士"的头像和躯体部分可以得出这

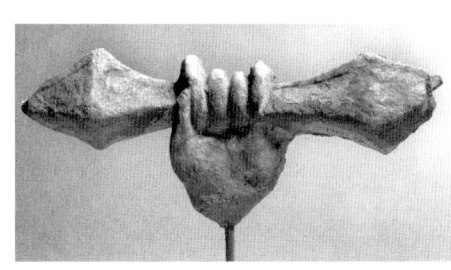

插图 4：握着金刚的手的残块（锡克沁，石窟 5a）

---

[1] 斯坦因：《中国沙漠中的遗址》，第 367—368 页。

一结论,释迦"骑士"通常塑造在这些场景中。大量的桩橛及其在墙上的位置证实了饰以塑像和图案的丰富雕塑。这些形象,我们在 C4 中也找到了,它们可能在锡克沁以及其他地方都有,还描绘在第 11 窟涅槃对面墙壁上的壁画中[1]。它们非常令人好奇的是,我们可以在不同地点仔细

插图 5、6:泥塑头像(锡克沁 F4)

研究它们的演绎方式,而且如果我们已有理由确定那些无疑曾同时存在各种各样风格的地点的年代顺序,那么甚至可能按已知的年代顺序研究它们的演绎方式。在我们可接触到的样品上保存有微弱彩饰痕迹的焉耆塑像似乎是最古老的,然后是 M.M. 别列佐夫斯基在库车地区及克孜尔找到的彩饰塑像,最后是 H.H. 克罗特科夫从土峪沟麻扎获得的异常完好的塑像。在这些塑像上,彩绘已经在很大程度上替代了以前用塑造术表现出的东西。在锡克沁的塑像中,仍以涉及最微小细节的雕塑装饰为主[2]。

正如在锡克沁发现的模具所表明的,我们遇到了用黏土冲压成的部分塑像和装饰物,它们装饰在制作粗糙的塑像骨架上,十字形捆绑的木棍是塑像的基架,木棍上缠绕着用芨芨草或芦苇编的辫形绳。但还是在锡克沁,我们发现了用石灰浆制成的塑像的两件石首和一些碎块,而且有一次我们发现了用这种浆状物制成的手的碎块,内有铁条;这不过是我们遇到的这类技术工艺的唯一样本。

我们认为,要注意我们发掘的通向 F4 的台阶(参见插图 7),它分为三部分。在 A. 斯坦因爵士的图 267 中,可以看见我们发掘前的 F4 的这一部分。三部分中,

---

[1] 格伦威德尔:《新疆古佛寺》,图 469a 和 469b。我们将这些严重破损的壁画的若干碎块运回了圣彼得堡。
[2] 我们指的是研究这些"骑士"塑像的专门文章,因此在这里不对它们作详细说明。

插图 7：通向 F4 的台阶（坐在台阶上的是帮助我们发掘的鲍苏克·捷米罗维奇·霍霍）

中间部分较窄。台阶旁曾有柱形栏杆，发掘时我们发现了其断块。据鲍苏克·捷米罗维奇·霍霍说，在哈密王的宫殿中也采用这类台阶。我们在中国新疆的其他佛教建筑中也遇见过这种台阶，是否应在从最早期佛教艺术已知著名的佛从天降临的三道宝阶图像中寻找三道台阶的原型？

在建筑物 K9e 中，Д.А. 斯米尔诺夫在许多烧焦的残余物中发现了一些异常鲜艳的壁画，绘画笔法极为有趣。仔细清理室内，因焙烧黏土很坚硬，清理极其困难。很遗憾，由于墙壁毁坏得也很厉害，壁画所剩无几。因发掘而裸露出的墙壁很不坚固，这个状况提醒了我们，在拍照了所有墙壁后，以最精心的方式锯下壁画的完整部分，这是由 С.М. 杜金和受其领导的哥萨克人罗曼诺夫极其小心地完成的。我们慢慢产生出用颜料复原它们的愿望（参见图版 IX、X）。中央的尊像图未保存下来，仅保存下来五身僧人图和两身菩萨图，其中一身左肩上搭有羚羊皮，我们可以将其与观音菩萨等同起来，而将另一身黄红色躯体的菩萨与文殊菩萨对应起来。在图版 IX 中，因它们保存得很差，根据未再现的小部分神图，可以看出其上还曾绘有"凶猛的"蓝色金刚力士。观世音像是站立的。我们好奇地注意到深黄色的色调、粉红色和金黄色的躯体，以及浓密的贴金佛光。在图版 IX 中，是中间有立像的神图碎块，其后可见残余的巨大椭圆形光环。根据保存下来的衣服碎块判断，这是某个佛的图像。莲花左边（右边和左边，正如在佛像图中通常采用的，我们以中央的主图像为起始），其上立佛足，是一跪着的但面（面部磨破）向参观者的人物形象，手持鲜花。在主像与神图边框之间有一女性形象，其面部非常富有表现力地表现出绝望，抬向头的右手也是绝望的象征[1]。左手提带有锥形盖的柱形小盒；她抓住盒的细绳，细绳大概穿过盒两侧的系孔。女性形象的衣服和头饰非常奇异。我们暂时不会将被火烧过的建筑物 K9e 中的这些尊像的绘画风格与其他尊像联系起来：颜色是如此地与众不同，还有绘画笔法也很独特，在我们看到的中国新疆的尊像图中，无一完全接近这种绘画风格。总之，这座建筑大概由两室组成一个整体，其室内壁画风格的多样性使我们感到惊讶：我们觉得，可以分为三种不同的风格。从这座毁坏的建筑中，我们还拿走了两块壁画样本：须弥山图，有盘绕在山周围的蛇和阿难陀，两侧有太阳和月亮，还有一组手中持花的"供养人"；以后将公布它们。

我们还仔细察看和清理了一座建筑物 K13，它已经完全具有另一种特点。因无更好的称谓，我们暂时称其装饰为汉风装饰，在将其与锡克沁的其他遗存进行比较后，我们倾向于认为它是极晚期的建筑。

我们感兴趣的是，A.斯坦因爵士也注意到了 K13，他称其为 Mi XVIII，我们发现它时，大概几乎就是他发现时的那种样子[2]。

---

[1] 我们知道，在犍陀罗艺术中，将手放置于头上标志着绝望，请比较涅槃场景。
[2] 请比较斯坦因《中国沙漠中的遗址》图 266 中的造像和我们有菩萨像的图版 VI；在塑像右边，塑造了在那里发现的怪物头。大概有守门天立在怪物上，在堆积物中找到了守门天的残余部分（躯干）。

我们认为，展示在 F4 中发掘出的一些头像样本并非多余，它们是对 A. 斯坦因爵士出版物的补充[1]。我们在锡克沁的其他地方也发现了同样的小头像，而且德国探险考察队和我们发现的模具表明，小头像以及塑像的其他部分是按需要制作的。必须指出一个特征：我们遇见了同一类型不同尺寸的小头像，这一方面说明似乎存在众所周知的合乎教规的标准，另一方面则说明类型的数量有限。这些小头像在很多方面和在犍陀罗发现的赤陶有相似之处[2]。但应当指出，和田的材料是焙烧黏土，

锡克沁 C4 的泥塑小头像，插图 8：侧面像；插图 9：正面像

插图 10、11：锡克沁 F4 的泥塑小头像

---

[1] 斯坦因：《中国沙漠中的遗址》，图 270、271、272。
[2] 请比较伯吉斯（Jas Burgess），《犍陀罗雕塑》(*The Gandhara Sculptures*)，伦敦，1899 年，图版 23。——《主要来自白沙瓦的十五件赤陶头像》(Fifteen terra-cotta heads, chiefly from Peshawa)。

焉耆以及吐鲁番、库车则与之不同，黏土总是或几乎总是未经焙烧的。

除了出自 F4、C4 和 K13 的塑像样品外，我们在图版中还给出了 A3α 的塑像照片：可见中央主像的膝盖和主像左边残存的三身菩萨像。尽管其状况悲惨，但我们认为有必要展示出它们，因为首先塑像拍自原位，照片上清晰可见某些细节的技术和处理方式，如头发和饰物。塑像在各种天气条件下历经若干世纪，当然几乎未保存下来颜料和贴金的痕迹，而且根据这些残余很少的颜料和贴金可以想象，一切曾彩饰得多么富丽堂皇和五彩缤纷，这种奢华与艳丽是多么强烈，它们应对当地居民和来自遥远国度的朝觐者产生了影响。

正如上面所指出的，德国探险考察队和 A. 斯坦因爵士都曾在锡克沁发掘过，也许日本探险考察队也曾发掘过，最后是我们进行调查研究，而且对这座古老寺院多少做过全面调查研究的人可能且应当还有很多。因为在其最近的周围地区大概早已无人居住，所以其位置偏僻，废墟也使人产生某种迷信恐惧（有人转告我们，在焉耆的蒙古人中存在一个迷信传说，谁在这些废墟中挖掘一定会生病），都使这些遗存在欧洲人到来前得以保存下来。现在，它们引起了当地居民的关注，对它们的迷信恐惧也消失了。这种状况迫使在锡克沁的考察队为了科学愿意进行彻底的发掘，我们相信一点，如果在专业人员和经过必需技术培训的人员参与下进行系统的彻底发掘，将会获得不少的宝贵材料。

2. 石窟

位于明屋西北的石窟非常引人注目，它们现在几乎完全裸露，如果不是这样的状况，定能获得装饰洞窟的壁画和塑像各方面的极宝贵材料，但这些壁画和塑像仅保存下来很少的残余。格伦威德尔教授为这些石窟写下了一系列珍贵的记录。他统计有 10 个洞窟，而我们数出有 11 个[1]，而且很可能还会发现一些现在完全被填埋的洞窟。格伦威德尔教授的第 1 窟和第 2 窟，我们不会在我们的平面图上对应起

---

[1] 斯文·赫定仅统计出 7 个洞窟，参见赫定，第 68 页。

插图 12：开凿石窟的小山丘全貌，中间可见第 9、10 窟的入口

来，正如同我们未在他那儿找到与我们的第 2、3、4 窟相一致的一样；接下来的完全一致。我们的第 1 窟 = 格伦威德尔的无号窟，然后格伦威德尔的编号 = 奥登堡的编号：

$$3 = 5 \quad 7 = 9$$
$$4 = 6 \quad 8 = 10$$
$$5 = 7 \quad 9 = 11$$
$$6 = 8$$

对这种状况的解释说明，我们倾向性地认为，在格伦威德尔教授或我们工作时部分洞窟可能被掩埋起来了，因此他或者我们并不知晓。

第 2 窟和第 3 窟因被填埋，我们未触动它们，如果不算它们，我们认为可以将石窟分为以下类型：

1）第 1 窟。独特的洞窟，有 7 个龛，在胜金口和吐峪沟麻扎有类似的洞窟。

2）第 4、8 窟。礼拜窟，几乎相同，仅大小不同。

3）第 5 窟。由两个洞窟及其之间的龛构成的一组，共同的平台将其联合起来。

4）第 6、7、9、11 窟。大概是较普遍的类型，在洞窟深处有柱，柱前立塑像；

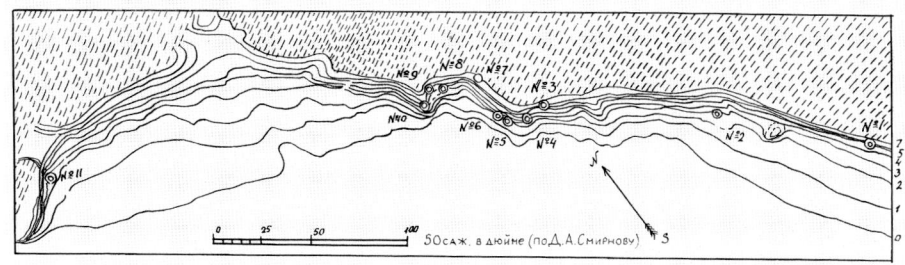

插图 13：锡克沁附近洞窟位置平面图（Д.А. 斯米尔诺夫绘制）：1 英寸 = 50 俄丈（译者注：1 俄丈 = 2.134 米），等高线 1 俄丈

这一类窟在柱后深处有拱形室，可从两边通过拱形甬道进入该室；该室和甬道显然是用于环绕塑像祈祷的——右旋礼（pradaksina）。这些洞窟中的第 9 窟，也许还有第 11 窟，与锡克沁的建筑物 K9e 有联系。

5）第 10 窟。柱前有大平台，在其他方面可列入第四类。与建筑物 K13 有联系。

第 1 窟

该窟因其壁画而与其他石窟明显不同，其平面结构也不同。Д.А. 斯米尔诺夫绘制了详细的带剖面的平面图，这里我们仅限于引用格伦威德尔教授的平面图草图，它很清楚地全面呈现了这个洞窟。图版中的照片展示了用枯枝和黏土建造的券顶构造。很遗憾，这个打开的洞窟坍塌了，不得不在里面小心地挖掘。龛之间墙壁上的图，在格伦威德尔教授到访时还可看见，而在我们到来时则已完全磨掉。关于洞窟的功能，我们很难说出点什么，但我们觉得侧龛用于居住太小了。龛 1（入口对面）很可能像格伦威德尔教授推测的那样，有塑像放置其内。关于龛的壁画，我们难以说出什么一定的东西，因为在我们到来时已经只剩下少得可怜的残迹，但无论如何壁画都具有古代的特点，这使其与库车地区、七康湖和吐峪沟的某些洞窟近似。我们可以对格伦威德尔教授所说的作以下补充：在龛与龛之间的墙上、图像上方以及细窄的叠涩上都有黑字白底的题记，大概是梵文和 I 语言；在龛 5 和龛 6 之间，图版右边可见它们，我们认为，我们识别出了佉卢文变体的一些字母，A.斯坦因爵士和 A.冯·勒柯克从中国新疆运走了佉卢文的样本。很遗憾，现在题记仅剩下个别字母。也就是说，在这里可见中国新疆古代居民对题记的喜爱，我们在几乎所有遗址中都发现了题记。在图版 XI 上，在按我们计数（我们从中央的龛数起，然后从它向两边数）的龛 5 和右边第 2 个龛中，我们找到两件泥塑头颅，制作得非常自然：一件破碎在那里，另一件我们可以拿走；还是在这个龛的墙壁上，曾用黑颜料在由莲花蕾（两朵有红棕色花瓣，茎秆为黑色）和六片花瓣的小花构成的背景上画了一个骷髅，小花花瓣是黑色和红棕色的，在用红棕色条纹修饰的边缘有残存的红棕色火焰纹（参见插图 14）。在吐峪沟的洞窟里也发现过一些类似的死亡象征（memento mori）。

插图 14：锡克沁第 1 窟龛 5 的壁画

在我们的记录中还有一个说明，在龛 1 和龛 2 之间的墙壁上保存了某个人物交脚图的痕迹，腿上缠绕有奇怪的皮带（？）。很遗憾，这里也体现出新疆探险考察队经历的那种匆忙，我们也未能避免：未描绘这些残存的壁画，未对其进行拍照，而且也未将其带走，因此在这种情况下我们的记录也是不完整的。

正如已指出的，这两座洞窟几乎相同。它们特别令人好奇的是，可以确定其用途是小礼拜堂，有著名的佛陀在贝拿勒斯城第一次说法的塑像，是犍陀罗佛教艺术最喜爱的题材之一。第 4 窟和第 8 窟的结构非常近似于犍陀罗最流行的类型。很遗憾，这些洞窟中保存下来的东西是如此之少，以致我们不得不仅根据少量的碎块来复原许多东西。

在第 4 窟前有一块不大的平地，洞窟的正面有壁画痕迹，大概是图案装饰。在

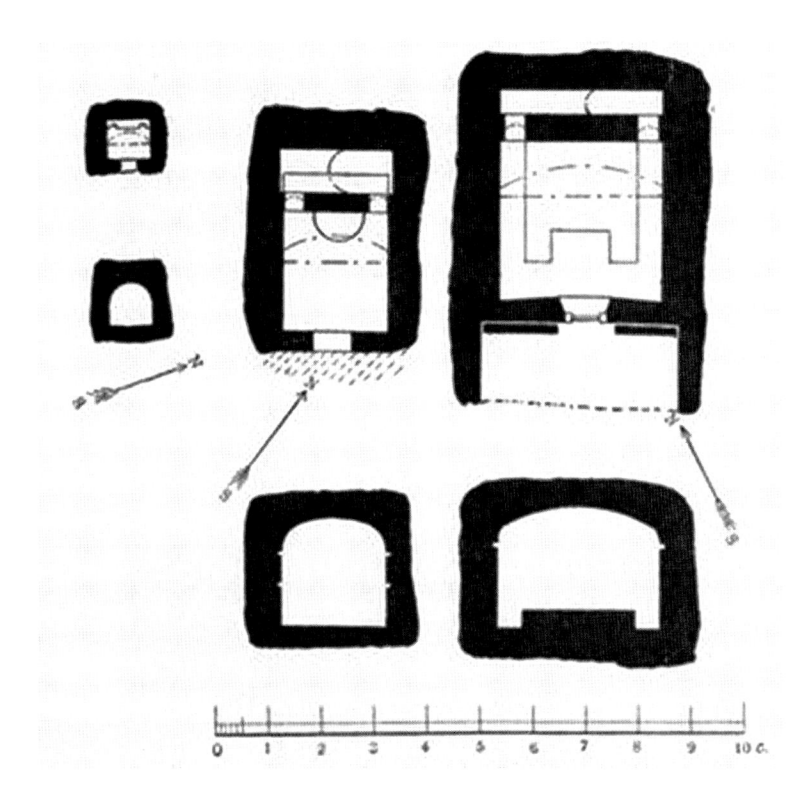

插图 15：第 8、9、10 窟的平面图和横向剖面图，比例尺为 1 俄丈 = 1 厘米

似乎是拱形的门里，有高高的黏土门槛。直对入口是一台座，其上曾有坐佛像，台座带有红色颜料痕迹。在佛右边坐着三个弟子，左边坐着两个，僧侣们的内衣为黄色，外衣为红色；右边第二个僧人后面有一尊塑像，据保存下来的衣服碎块判断，是一个神或金刚力士。佛结跏趺坐，而手的姿势因无遗痕现在无法确定。我们在堆积物中找到了红色的佛光碎块。墙壁上保存有植物图案装饰的微弱痕迹，券顶上也保留一些模糊的图案装饰痕迹。花费大量时间，也许会弄清楚一些装饰图案的纹样，其特征很可能是汉风。还残存下来一些花饰塑像。

第 8 窟本身就是一个龛窟，窟内塑像的位置与第 4 窟相同，仅右边第二个僧人坐得不是那么靠近角落。洞窟完全残破，如果不是贝拿勒斯说法场景的构图简单和常见，未必能确定洞窟的用途。保存下来一些图案装饰痕迹、红色的背景和带点浅

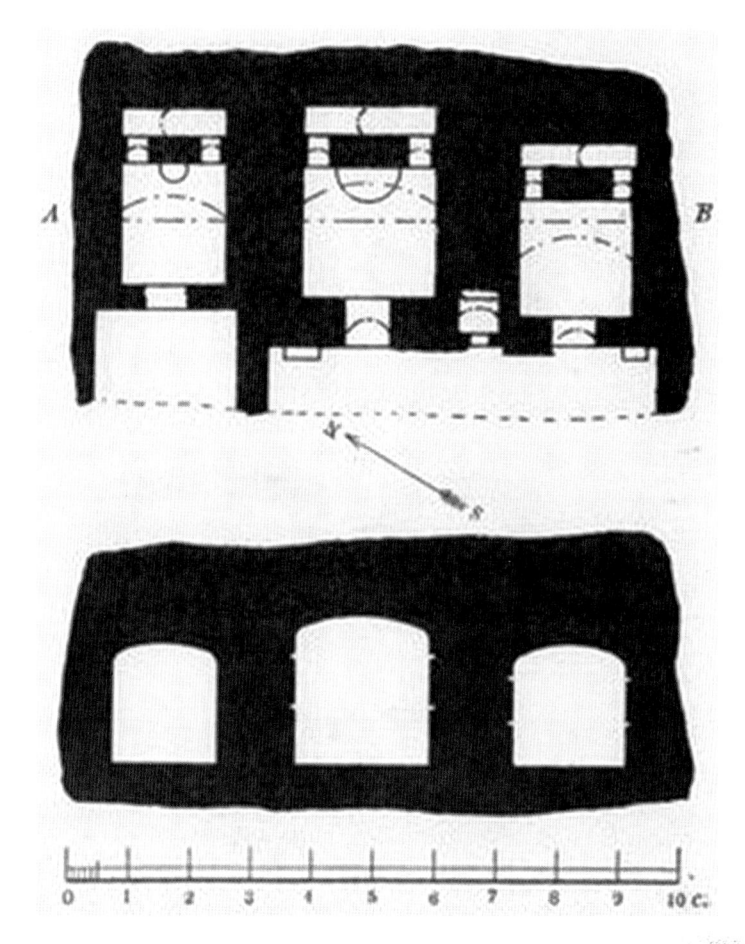

插图 16：第 5、6 窟的平面图和横向剖面图

紫色的风格化花朵轮廓。

我们将两个洞窟 α、β 和龛 γ 编在这个编号下，它们组成了一个整体，被低矮山坡上的同一平台联系在一起，部分保存下来的墙壁从左右两边将平台隔断。图版 XII 清楚地呈现了洞窟的正面。

格伦威德尔教授详细记录了这些洞窟（《新疆古佛寺》(*Altbuddhistische Kultstätten in Chinesisch Turkestan*)，1912 年，第 195—199 页)，因此关于它们我们就不再赘述。

平地上有四个台座——平面图上标注了完全无疑的两个，其中第三个（从明屋开始）似乎用于坐像，其他的用于立像。在上部，接近 2.5 俄丈的高度，是不深的龛，有残存的塑像（佛或菩萨），在门的上方也是塑像，这在洞窟 β（龛左边的洞窟，距明屋较远，较靠近第 6 窟）的上方可以很清楚地看到。直对洞窟 α（我们从明屋开始计数）的入口，是巨大的立佛像，仅保存双足（从脚后跟至大脚趾端为 0.38 米）。围绕在整个塑像周围的大光轮为椭圆形，彩绘，内部边缘饰以由结跏趺坐在莲花上的彩绘小雕塑佛像构成的细条纹。壁画几乎全部消失（我们不知是被切割运走的还是脱落的），仅在前壁上保存左边的数块"供养人"——女性形象和右下部的少量壁画。在光轮两侧的下部有一巨大的投身饲虎本生图。在其下方是与 A3β 和洞窟 5β 中一样的装饰图案。顶上仅剩毫无意义的壁画痕迹，因保存太少而无法确定它们。

α 之后是龛 γ，其内大概曾有三尊塑像，中间的一尊位于普通类型的台座上，另外两尊立于两侧。在龛的堆积物中发现了塑像的小头和一些碎块，但因为可以很轻易地将它们从其他窟内搬来，故无法对其做出准确判断。

在洞窟 β 中，左边，龛后也是直对入口的一尊巨大立佛像，塑像立于莲花上，其佛光像 α 中的一样，只是塑造的佛像略大些。墙上的壁画破损，在墙下部留有微弱的痕迹。但顶上保存了部分引人注目的壁画，格伦威德尔教授详细描述了它，此外其部分壁画在图版 XIII 中可见。在 C.M. 杜金拍摄的另一张照片上，也可见饰有佛图的条纹，在这些佛的背后有火焰纹，还可见写有题记、星座名称的条纹。

第 6 窟

无任何壁画或塑像的痕迹。可与第 5 窟群组成一个整体。参见插图 16 的平面图。

第 7 窟

我们没有清理窟前的平地。入口对面是一巨大的立佛像，像 5α 窟和 5β 窟中的一样。参见图版 XIV。塑像内衣为红色，外衣为黄色，在襞褶上可见绿色衬里。头光彩绘，边缘饰有塑造的小佛像，像第 5 窟中的一样。壁画仅残留微弱的痕迹，甬道中似乎有佛图，如果这些形象真的是佛，那么这里有可能像第 11 窟中一样是誓愿场景。顶上模糊可见有图案装饰和带图像的椭圆形条纹。在后甬道，塑造的大般涅槃工艺很一般，潮湿毁坏了它。堆积物中有许多塑造工艺很好的碎块，胸部裸露的女性躯干引人注目。根据格伦威德尔教授的记录可以看出，在他到访与我们到来之间这段时间，许多壁画已遭毁坏。

第 9 窟

我们未清理窟前的平地，因此关于它我们无话可说。在入口对面的莲花座上是一巨大的立佛像，佛光彩绘，且沿其边缘有塑造的小佛像，像第 5、7 窟中的一样。我们不描述该窟的壁画，因为格伦威德尔教授已详述过它，在他到访时还可见到更多的壁画。甬道中有佛图，可能是誓愿场景。后甬道中是工艺不错的大般涅槃塑像。我们在堆积物中找到了跪着的僧人像，大概是阿难。对面似乎是分舍利。窟顶很精美：中间是一个圆，保存得不好，然后是以叶状图案装饰交织在一起的佛的圆形框饰，其第一排通过叶子的茎秆延伸入壁画中，壁画上部大概绘画的是水（请比较第 10 窟的顶）。

第 9 窟的壁画与锡克沁 K9e 的其中一种绘画类型接近，并与第 5、11 窟的壁画有内在联系。

第 10 窟

该窟特别令人好奇的是，它与 K13 有着极其紧密的关系。窟前有一小块平地，被左右两边的墙分隔出，其中左边的墙严重毁坏。右边，在高高的台座上（由于台座崩塌，现在无法确定其高度），曾坐有一尊交脚菩萨像，紧接着其后边墙壁上有一小龛，大概曾有券顶，接着是一角落。沿平台正面，门的两边各有两个台座。右边，从角落开始是一有莲花的台座，莲花花瓣未弯曲，台座上曾立有菩萨像，塑像仅保存衣服下部和脚；另一台座上俯卧着一尊凶神像，手为三指利爪，他是守门天的伐诃纳（vāhana），塑像上可见守门天穿靴的双足（参见图版XVI）。门左边有一台座，其上仰卧一凶神：其双腿以对分的蹄子结束，手有四爪，一只手位于头下，另一只在腹上，其下方是岩石；其上可见守门天穿靴的双足。在该台座之后是另一台座，据残余判断，莲花台座上也像右边的一样曾立有菩萨像，可见双足痕迹（图版XVII）。正如图版XVI中所见，我们已经看不到平地左边的那些塑像，格伦威德尔在第3窟和第4窟下叙述了它们，它们与我们在平地右边发现的完全一致。在台座上和龛中可见几何图案装饰的微弱痕迹。入口处有黏土门槛，踩踏磨损得很厉害，还有木门框痕迹。

墙上保存下来的壁画很少，在堆积物中找到了一些。似乎有两种风格的壁画，一种比另一种精细些，且色调更和谐。自门廊起至通向后室的甬道，沿下部延伸着与K13中一样的红色棋盘图案装饰，在高昌古城中也发现过这样的图案装饰。门旁的前壁上，残存数排站立的人物（"供养人"），而且在左边可见，该画面在一人高处结束，在用红线描边的白色边饰之后是另一画面。两侧的缘饰由红线之间的黑条纹构成。据堆积物中保存下来的壁画判断，墙上曾绘有许多场景，壁画中的蓝色和褐色特别惹人注目。平台（请比较格伦威德尔教授的平面图和插图[1]）与K13平台的位置完全一样，图案装饰也几乎相同：红色和褐色花的图案装饰，红色色调柔和渐进，其下方是图案装饰条纹，内有红褐色横向小条纹，中间是颜色较深的小条纹，还有白色条纹，中间是黑色条纹（插图17）。平台上曾立有塑像，现在已毁坏。甬道壁覆盖着花卉的图案装饰，大概顶上也是这样。两侧

插图17：锡克沁第10窟平台的壁画

---

[1] 格伦威德尔：《新疆古佛寺》，图459a和459b。

壁上残存巨大的佛图或菩萨图，他们在右壁上正走向或转向窟内，在左壁上则是朝向窟外。莲花上有人物形象。四侧均绘有我们在 K13 中发现的那一类小圆柱，只是 K13 中的这些小圆柱是塑造的，且有彩绘。

在后甬道的后壁上，仅可见黄色和红色的斑点，最后在接近地面处是残存的莲花座的黑色轮廓。根据这些残迹，关于构图无法说出什么来。顶上的壁画极其精美，其色调为黄色、褐色、玫瑰色（？）、绿色；根据所附图版（XVII—XX）和格伦威德尔教授的图可以看出构图的特点。从洞窟两侧的图案缘饰中，现在已分辨不出其所有细节（可见残存的龙、雁和花朵），延伸出黄色的茎秆，接着交织入一排椭圆形图案装饰，其中大概交替坐着佛与菩萨；椭圆形图案装饰之间是花的图案装饰。中间曾有圆，现在几乎已消失。

第 11 窟

经验表明，洞窟前通常是有塑像的平台，所以我们从清理窟前区域开始，清理发现了门槛和残存的三尊塑像。图版 XXI、插图（18 和 20）和平面图（插图 19）清楚呈现了诸如洞窟的地点、外貌以及各室的尺寸和分布。格伦威德尔教授绘制了平面图，拍摄了未发掘平台的洞窟外貌，并详细记录了洞窟壁画，配有他在该窟中描摹的一些图的复制品[1]。我们根据在现场做的登记，对这一记录进行了一些补充。

窟前平地的准确尺寸，现在无法

插图 18：第 11 窟全貌

---

[1] 格伦威德尔：《新疆古佛寺》，第 206—211 页。

确定。仔细清理后，得以确定了平地上残存的以下塑像。如果面向洞窟，右边残存的墙壁末尾有一截长方形木头，木头上有用于安装某物（柱？）的孔，有一残存交脚坐像的台座，大概是菩萨像，塑像的双足安放在低矮的莲花底座上。门的两侧各有一个台座：右边的可见莲花上的残存立像。塑像保存下来的不是很多，仅略高于膝盖；垂下精美襞褶的衣服遮住双足。在这里我们遇到的似乎也是一尊菩萨像。左边的仅保存莲花痕迹，所有莲花的花瓣向下弯折，台座后左侧还保存好像是另一台座的残迹。在交脚菩萨坐像的对面，平台的另一边，这部分现在已毁坏，很有可能是同样的一尊交脚塑像，在洞窟附近的沙土中找到的残迹说明了这一点。至少部分正面曾抹过灰泥，大概也彩绘过。这些台座上也保存下来某种几何图案装饰的微弱痕迹。

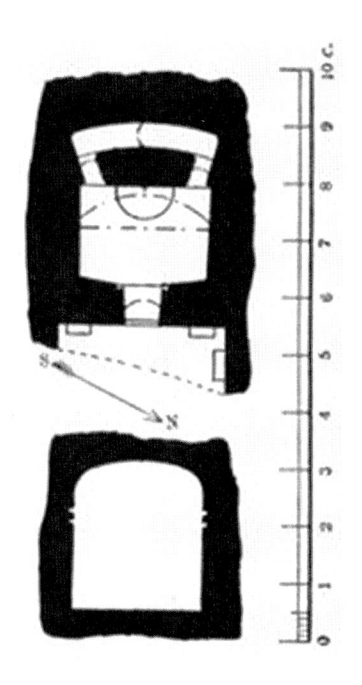

插图19：第11窟的平面图和横剖面图

我们通过木门槛进入洞窟，门槛经历数百年竟然还留下了木工画线的痕迹。在

插图20：第11窟窟前平台的右侧及其残存的两尊塑像

两侧下部逐渐变宽的甬道中，对土层稍作清理后，C.M.杜金发现了身着"回鹘"服饰手持花朵的女性图（"女供养人"），她们位于巨大的佛图前。在她们上方有被称为 I 语言的题记痕迹，C.列维教授十分出色地证明，龟兹语至少在若干世纪内曾是该语言的一种方言（β）[1]。在里面的墙壁上，门的左右两边是"供养人"图。这里引用的图（插图21），是根据 C.M.杜金的描摹图绘制的，在与格伦威德尔教授的图（图464）

插图21：第11窟门旁墙壁上的"供养人"

进行比较后，各种迹象表明，在我们两次考察之间的这段时间，这里的壁画受到了一些损坏。直对入口，莲花台座上曾立有一尊大佛像，当我们考察洞窟时，佛像什么都未保存下来。

塑像右边的（格伦威德尔说是左边的）墙壁被佛图组成的纵行分成几个场景（格伦威德尔指明是三个），两侧由植物图案装饰构成的整个构图的边框，与左壁一样。格伦威德尔教授提到的形象，有与众不同的佛光和衣服纹饰，我们认为是佛，就像库车有关的形象一样，我们仅仅是根据 M.M.别列佐夫斯基的照片来认识和了解它的。左边墙壁上是某些场景的片段，我们没有解释说明这些场景。很令人好奇的是，左右壁上的壁画大概是画在薄薄的石膏层上，石膏层覆盖着更古老的、某些地方还很鲜艳的壁画。由于技术上存在很大的困难，加上没有专门的工具，我们决定不揭取这两层。但毫无疑问的是，为了弄清楚这些壁画的画风及其年代顺序，这项工作是极其需要的。当然，只有不是试图简单地用刀或者锯切下壁画才可以进行

---

[1] S.列维：《所谓乙种吐火罗语即龟兹语考》（"Tokharien B."，langue de Koutcha），《亚洲学报》1913年9—11月，第311—380页。关于主要在中国新疆北部发现的写本使用的语言不是吐火罗语，我们同意钢和泰男爵的观点。

这项工作，这是到现在为止为追求速度的通常做法。关于通往洞窟后室的甬道中的残余壁画，后室位于柱后，柱前曾立有一尊佛像，只能说这些残余的壁画大概包含有被称为"誓愿"的场景。

右甬道左壁上描绘燃灯佛本生故事。在严重损坏的壁画上，我们研究清楚了以下内容。中间是燃灯佛，他将左手伸向俯身其前的少年，不见右手。其右大概是一位少年（弥伽），正同一位姑娘交谈，这可能是购买鲜花的场景。其上方可见一少年（同一个人？）向上伸出双手，看不见他在做什么，可能在抛撒鲜花。燃灯佛的左边，一少年将自己的头发铺向佛脚下，旁边站着同一位姑娘，可见其手持两朵花。其上方是一双手合十（大拇指竖起）祷告的僧人（？）。从构图可以看出，这些时间上循序渐进的场景联结成一个总的构图，这对于犍陀罗艺术来说是罕见的现象，但却广泛运用于古印度艺术中。

后甬道的后壁上是彩绘的大般涅槃图。总体上，该图保存得不好，仅个别形象较清晰，其中特别突出的是绝望地扑向地面的金刚力士形象。该形象充满激情，给人留下了深刻的印象。鉴于该石窟壁画保存得很不好，且大部分壁画被毁坏或者被运走，我们允许自己切割下金刚力士图，该图现保存在皇家科学院人类学与人种志学博物馆。大般涅槃图对面的墙壁上描绘分舍利图，但该图仅保存一些碎块。

无论在绘画上还是在雕塑上，锡克沁石窟都有许多令人好奇之处，它们一方面与吐鲁番的遗存很相似，另一方面与库车的遗存也很接近。这种情况完全是因为焉耆的历史，由于各种政治媾和，焉耆在不同时期时而亲近库车，时而接近吐鲁番。但必须指出，在锡克沁及整个焉耆地区以更加古老的、更加印度化和龟兹（库车）化的元素为主，我们指的是 A. 斯坦因爵士考察过的霍拉山地区的遗址。

第三章

吐鲁番地区

1909年9月20日，我们从焉耆出发，途经托克逊前往吐鲁番。9月29日，我们抵达目的地。

在吐鲁番，通过询问及查询克列缅茨和格伦威德尔的书籍，我们大致定出一个逐步考察众多古代遗址的计划。首先，我们要考察三座古城遗址：1.交河故城，位于现吐鲁番以西约8—10俄里处；2.吐鲁番古城，位于现吐鲁番新城东北部；3.高昌古城，位于现哈拉和卓和阿斯塔纳附近的一座古回鹘城。然后是阿斯塔纳的一座大型古窣堵婆遗址，现称台藏塔。所有这些遗址均位于吐鲁番谷地，其余的位于一座不高且不是很宽阔的山脉的众多狭谷之中，山脉自北部围绕在吐鲁番谷地边缘。这里，我们首先要说明现吐鲁番城以北的一些狭谷：库鲁特卡、塔雷克布拉克、萨西克布拉克和西旁地区；有通往谷地出口——胜金口的狭谷，位于哈拉和卓北部；该狭谷西北部的木头沟河谷有一石窟群，现名叫柏孜克里克；柏孜克里克周围地区有些不大的狭谷；胜金口以北的沼泽湖七康湖附近的大量遗址，位于上述群山之后的谷地中；最后，是位于闻名于整个中国新疆的吐峪沟麻扎之后的大峡谷，它拥有大量的石窟和遗址。

在吐鲁番地区，还考察了色尔克甫村中央的大窣堵婆及连木沁狭谷，但已经是由我一个人进行考察的。

一、交河故城

交河故城，大概是在 Д.А. 克列缅茨之后通常被称为雅尔湖故城（Яр-хото），当地人完全不知道雅尔湖故城这个名字，只称其为科涅沙尔（Коне-шар）——古城、故城，位于长约800俄丈（译者注：1俄丈 = 2.134米）、最宽处宽200俄丈的沙洲之上。有两条小河围绕该城流过，其中一条小河完全沼泽化。可以通过两条道路到达该沙洲，一条在西南面，另一条在东面。故城很值得认真细心地考察研究，而且必须绘制遗址平面图，遗址正在渐渐地消失，因为有人正在拆毁它们并将其运往田地作为肥料。沙洲南部在很大程度上被建筑物所覆盖，这些建筑物开凿在黄土中，偶尔由黏土夯筑，或者由土坯砌成；部分房屋低于城市街道的水平面。

Д.А.克列缅茨在其报告中记载了一些关于交河故城的宝贵信息[1]。在他之后，尽管不少人都对故城进行了发掘，并且获得了许多写本和尊像，但无人记录故城，也无人绘制其平面图。这种情况可能是因为，在交河故城首先要耗费大量时间才能弄明白其总平面图，因为故城很复杂，并且需要进行一系列系统的发掘。带有随意挖掘性质的发掘，不绘制平面图，在这里特别有害，因为在缺乏基础性工作的情况下，极易彻底毁坏建筑遗迹。我们仅清理了一座不大的寺庙，并且找到了很多汉文和回鹘文写本的碎片、一些损坏严重的画在亚麻布上的尊像，还发掘出一座有意义的塑像台座。塑像本身已经毁坏，但在台座两侧曾绘有壁画。因为壁画很容易揭取，所以我们就将它运到了圣彼得堡。令人好奇的是神座的支架，一个古代类型的小矮人。C.M.杜金拍摄了许多照片，Д.А.斯米尔诺夫绘制了某些建筑的平面图。在所有材料中，我们仅通报了这座令人好奇的建筑的全貌（插图22、23）和更加详细的照片（图版XXII）：101座支提位于共同的台座上，而且中央是一座大支提，四角上是由25座小尺寸的支提组成的四边形。在高昌古城有几乎相同的建筑（插图26、27）。关于该建筑，我们将在高昌古城的记录中详尽叙述。

有两所寺院值得关注，它们在平面结构上很相似，也相似于高昌古城中的β寺院，当地人称β寺院为"汉人的宗教学校"。图版XXIII和XXIV上，呈现的是其中一所寺院的外墙照片和另一所寺院的内景照片。这里，整个围墙内是主寺庙、一

---

[1] 克列缅茨：《圣彼得堡皇家科学院1898年吐鲁番探险考察通报：吐鲁番及其文物》（*Turfan und seine Alterthümer ъ Nachrichten über die von K. Akademie der Wissenschaften zu St.-Petersburg im Jahre 1898 ausgerüstete Expedition nach Turfan.*），册1，圣彼得堡，1899年，第24—28页。

插图22：交河故城中的101座支提

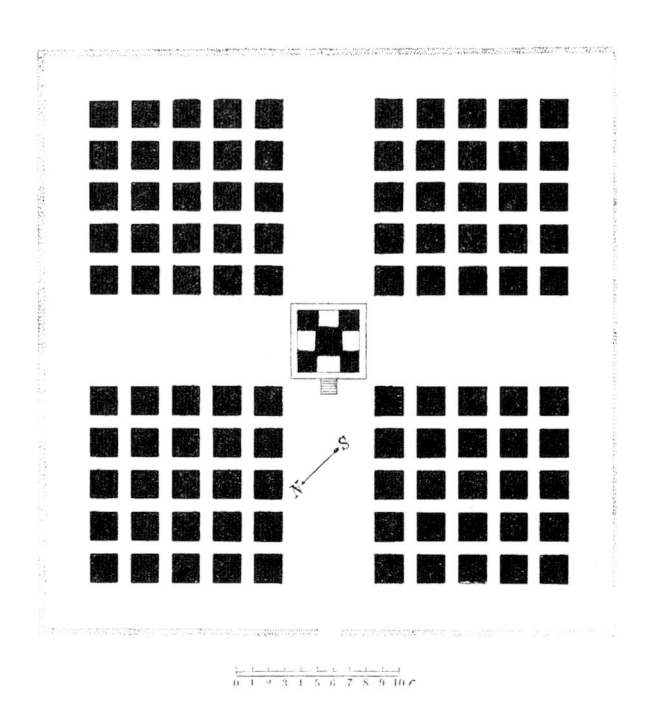

插图23：交河故城中101座佛塔建筑平面图

些小礼拜室、一些僧舍和大院子。这是佛教寺院的古老样式，我们在犍陀罗也找得到这种式样[1]。

特别令人好奇并且直到现在还令人费解的是，许多建筑开凿在黄土中，并用土坯增建、增高而成，它们位于河流下游的城中部分。我们仅限于详细地察看和拍照。非常遗憾，在我们来之前，无人能抽出足够的时间来关注这些令人好奇的建筑物及整个故城。故城所在的沙洲对面，从右边绕城而过的小河对岸，如果顺流向下看，则是一座有残存壁画的石窟遗址。从插图 24 上可看到其全貌。我们绘制了这些洞窟的详细平面图，并拍摄了一系列的照片。克列缅茨也提到了这些洞窟[2]，并在两张图版中展现了一个洞窟的内部全貌和壁画的局部。在相邻的一些小狭谷中（这些小狭谷把整个地区弄得坎坷不平），有一个完整的大墓地，由一些平面结构特

插图 24：交河故城的石窟

---

[1] 格伦威德尔：《1902—1903 年冬季在亦都护城及周边地区的考古工作报告》（*Bericht üder archäologische Arbeiten in ldikutschari und Umgebung im Winter 1902–1903*），慕尼黑，1906 年，第 74 页，图 59。
[2] 克列缅茨，第 34—37 页和图版 3、4。

插图 25：交河故城附近大墓地的殡葬石窟及残存建筑

殊的小石窟和小龛组成（插图 25），在很多洞窟和龛中还可见殡葬的遗迹。当地人称该墓地为汉坟。在这里发掘很困难，因为当地人总是很不友好地对待任何试图在埋有人类尸骨的地方进行挖掘的行为。如果能经历很长时间，当然可以消除这些偏见。毫无疑问，对该墓地进行最认真仔细的研究，并绘制平面图，以及对这个地区进行总的地形测量测绘是值得的。

二、古吐鲁番

古吐鲁番位于现今新吐鲁番的东南面[1]。在古吐鲁番前面是一座有"穆纳尔（塔）"的清真寺和一所穆斯林学校。尽管我们很认真地并且多次询问打听，但我们

---

[1] 参见格鲁姆-格尔日麦洛:《中国西部纪行》(Описание путешествия в Западный Китай.), 卷Ⅰ, 圣彼得堡, 1896 年; 克列缅茨:《圣彼得堡皇家科学院 1898 年吐鲁番探险考察通报: 吐鲁番及其文物》, 第 28—29 页; 格伦威德尔:《1902—1903 年冬季在亦都护城及周边地区的考古工作报告》, 第 4 页。

最终没有找到形形色色的旅行者所提及的传说遗迹，似乎塔和清真寺从前是景教的庙堂。相反，与外观完全相符，所有的建筑算是新的，其建筑被认为是鲁克沁王苏莱曼的。

关于古城，不得不说，我们遇见它时其被耕耘情况要比根据著述所预料的少得多，而保存下来的建筑物要比我们预计的多得多。在宽谷的另一边，古城以西，还有一些遗址：寺庙和块状支提。令人好奇地注意到，黏土夯筑体中间是石砌体。周围有许多伊斯兰教的遗迹。对古城进行详细的考察研究需要花费很多时间，而且很难说，是否值得花费时间和金钱。无论如何，我们在吐鲁番地区还有更加紧迫的工作要做。我们对清真寺进行了拍照，但未做任何发掘。

三、高昌古城[1]

前面已多次指出，格伦威德尔教授珍贵的书记录了高昌古城。我们自然将该书视为考察的出发点。缺乏用仪器测绘的大规模古城和大量建筑的平面图，使我们强烈感受到，在所有的建筑物尚未被拆除且城墙内所有空地尚未变成高粱地或者棉花地之前，对古城要做的第一件事无疑是绘制其平面图。我们对整个古城进行了细致的考察，而且 C.M. 杜金拍摄了一些照片，而 Д.А. 斯米尔诺夫和我为了检验则绘制了一些建筑物的平面图，在格伦威德尔教授的书中有这些建筑物的平面草图。关于某些建筑物，特别是在我们清理了少量堆积物之处，我们顺利地绘制了更加准确的平面图。故我们将对两处遗址进行说明，其中一处特别令人好奇的是，它几乎相同地重复了交河故城的遗址，只是在某些尺寸上略有不同（参见前文和插图 22、23）。格伦威德尔教授用 P 来标记这处遗址，他认为，我们接触到的是 84 座建筑物：4 块方形场地，每块上各有 20 座小支提，它们围绕着主支提，主支提上有 4 个龛：

---

[1] 当地人的发音为"诶迪护特沙里"。

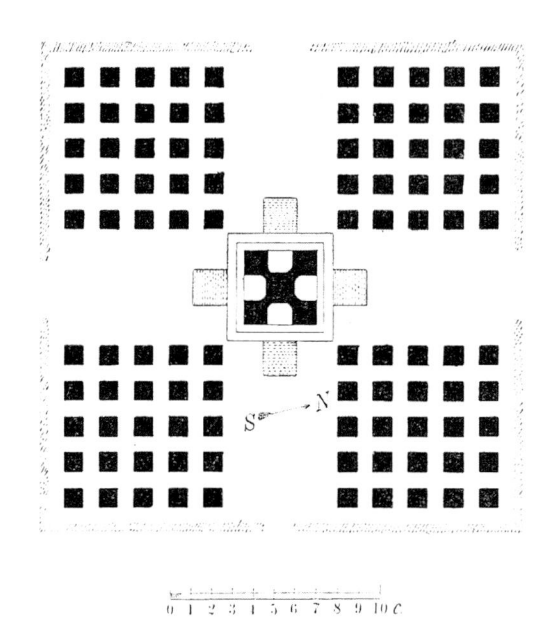

插图 26：高昌古城的 101 座支提

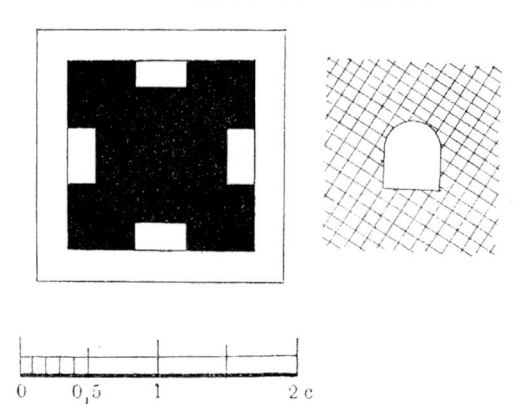

插图 27：高昌古城 101 座支提中的小支提的平面图和剖面图

$20 \times 4 + 4 = 84$。小支提毁坏得很严重，很难发现，它们在每块方形场地里应各有 25 座。我们认为，因为大支提实质上只是复制小支提的大原型，所以我们有 101 座支提建筑物：$25 \times 4 + 1 = 101$。根据这一点很清楚，我们不赞同 Д.А. 克列缅茨和格伦威德尔教授的观点。他们认为，大支提 P 像摩诃菩提（Mahabodhi）支提一样由 5 个塔组成。高昌古城的建筑同交河故城的 101 座支提建筑的主要区别在于，通向高昌古城中央支提的台阶有四个，而交河故城只有一个。除了总平面图（插图 26），我们还给出了其中一座小支提的大比例尺的平面图和剖面图（插图 27）。

建筑物 Z 是一个令人好奇的组合。在寺庙的整个平台上是五方佛（dhyani-buddha），有立在圆形底座上的支提（参见插图 28）。格伦威德尔教授在平面图上和图画中注明的挡风墙则没有[1]，这一点只是在我们清除了集聚于两所建筑物之间的堆积物之后才弄明白。在清除堆积物时，我们找到了两件回鹘文写本碎片。在我们来到时，西

---

[1] 格伦威德尔：《1902—1903 年冬季在亦都护城及周边地区的考古工作报告》，第 52 页，图 49。

插图 28：高昌古城的建筑物 Z

墙已不存在。南面残存的接修房屋，在格伦威德尔教授的平面图上可见，无疑属于新建筑，从砌体也可看出这一点；但只保存下来某个旧墙的痕迹，它从东墙的起点延伸到平台的边缘。也许，两边都存在过这样的墙壁，并将支提与寺庙隔开。残余的壁画清楚地表明，这个寺庙曾经很优美。总之，整个建筑正如格伦威德尔教授所指出的那样，尽管无疑是较晚的建筑，但带有强烈的审美感和思想缜密的痕迹。在附图（插图 30）上，可见萨西克布拉克壁画构图的局部，完全类似于建筑物 Z 中的壁画。现在，我们可以根据构图及绘画风格认为，建筑物 Z 和萨西克布拉克的壁画同 П.К. 科兹洛夫上校在黑水城找到的古代吐蕃尊像[1]以及柏林民俗博物馆施拉金韦特（Schlagintweit）收集的古吐蕃尊像相近。关于这个令人好奇的寺庙内部的总体情况，可以在图版 XXV 中看到。寺庙与支提在一个平台上的这种组合是独一

---

[1] 参见我们的著作：《黑水城的佛像材料》(Материалы по буддийской иконографии Хара-хото)，载俄罗斯沙皇亚历山大三世博物馆《俄罗斯民族学资料》(Материалы по этнографии России)，卷 II，1914 年。

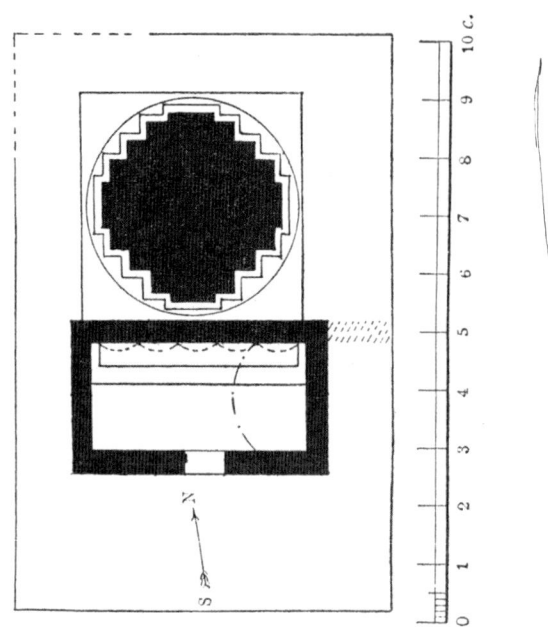

插图 29：高昌古城建筑物 Z 的平面图　　插图 30：萨西克布拉克石窟中的一幅古吐蕃风壁画

无二的，至少目前在吐鲁番地区很知名。

在古城的西南部有一座大寺院，当地人称其为汉人的宗教学校。格伦威德尔教授给出了寺院的平面图，他称这座建筑物为 β[1]。Д.А. 斯米尔诺夫绘制了这座典型寺院建筑的平面图，其建筑与交河故城、胜金口及吐峪沟麻扎的建筑完全类似。一件画在绢帛上的华丽尊像就出自该寺院，出自平面图上被称为 E 的那个建筑遗址[2]。绢帛保存很完好，描绘的是千手观音[3]。尊像得自当地人之手，Н.Н. 克罗特科夫将它送到俄罗斯人类学与人种志学博物馆，现在还在那里展出。我们准备专门公布中国新疆这一最有趣的佛像文物。格伦威德尔教授热情地告诉我们，他去时尊像已

---

[1] 格伦威德尔：《1902—1903 年冬季在亦都护城及周边地区的考古工作报告》，第 73—93 页。
[2] 格伦威德尔：《1902—1903 年冬季在亦都护城及周边地区的考古工作报告》，第 74 页，图 59。
[3] 请比较格伦威德尔《1902—1903 年冬季在亦都护城及周边地区的考古工作报告》中的千手观音像，图版 VIII。

插图31：高昌古城 β 寺院 E 室誓愿场景中的片段

被当地人从建筑物 E 的一间屋子中挖走，之后就消失了。大概是俄罗斯商约得到了它，他受 H.H. 克罗特科夫的委托一直关注着当地人的发现物；多亏尼古拉·尼古拉耶维奇的重视，在他任驻乌鲁木齐领事期间，不少古代写本和文物得以保全并流入圣彼得堡的库房。根据 C.M. 杜金的描摹图所展示的装饰图案（插图32）和场景片段（插图31），均是 β 寺院 E 建筑群一间上室中的优美绘画样本。在简短的、当然是最简略的报告中，我们的初步报告就是这样的，不宜详细地描述高昌古城。关于高昌古城，格伦威德尔教授在其优秀著作中描述得相当多，A. 冯·勒柯克博士也谈到了该城。在详细报告中，我们将通报我们考察过的所有建筑物的情况，这里要说的是，因为无人系统地发掘过高昌古城，也无人用仪器测

插图32：高昌古城 β 寺院 E 室地面附近的装饰图案

插图 33：高昌古城附近大墓地残存的小窣堵婆；建筑物不复存在，被当地人毁于 1909 年

绘该城，所以对于这座回鹘古代遗址，无论是绘制古城平面图，还是研究其建筑物的建筑艺术，几乎一切都有待于去完成。我们不由得感到惋惜，为了寻找博物馆所需的材料，接替格伦威德尔教授的德国探险考察队在该城工作了数月，但显然未绘制其平面图，尽管也发掘了，但未做系统的和有计划的发掘。当我们来到该城时，大约已过了三四年，这期间破坏进展很快，许多建筑物或消失或被探宝者反复挖掘，几乎完全破坏了其平面结构[1]。由于我们的时间有限以及我们考察队的探查性质，我们自然只能抽出几天时间待在高昌古城。

---

[1] 我们给出了一座已毁灭建筑物的照片（插图 33），当我们待在哈拉和卓时，该建筑物被毁坏。在格伦威德尔教授《1902—1903 年冬季在亦都护城及周边地区的考古工作报告》中也有该建筑物的图，第 115 页，图 105。图版 XXVI 和 XXVII 中是城郊大墓地的窣堵婆的照片，请比较克列缅茨：《圣彼得堡皇家科学院 1898 年吐鲁番探险考察通报：吐鲁番及其文物》，第 32 页，图版 2；格伦威德尔：《1902—1903 年冬季在亦都护城及周边地区的考古工作报告》，第 110 页；冯·勒柯克：《高昌——第一次普鲁士皇家考察队所得新疆吐鲁番古物图录》（Chotscho Facsimile-Wiedergaben der wichtigeren Funde der ersten Königlich Preussischen Expedition nach Turfan in Ost-Turkistan.），第 71 页。

四、阿斯塔纳的台藏塔

阿斯塔纳的一个大窣堵婆被称为台藏塔[1]。高昌古城同样的但尺寸较小的窣堵婆，当地人称其为"钦塔赫谢（Чинтахсе）"，即小茶碟。在附近找到的回鹘语文书中也提到了台藏塔的名称[2]。建筑物两面（东面和南面）被其他一些建筑物和园子紧紧围住，由于时间不够，我们未能精确测量和绘制其平面图。现在（1909 年 11 月 23 日），其底部大致为：自北至南 41 米，自西至东 31 米。

克列缅茨[3]和格伦威德尔[4]都记录了台藏塔的一些信息。我们拍摄的照片很清晰地呈现了台藏塔 1909 年底的景况。因此，我们现在仅限于通报我们从当地一位老人那儿了解记录下的台藏塔的情况，而且我们在这里也要做一个不断重复的补充说明，即应该非常慎重地对待中国新疆当地人提供的资料。讲述人穆罕默德·艾敏（Мухаммед Эмин）50 多岁，在当地是一位值得信任的人。

他记得孩童时他们在台藏塔玩耍的情景。那时候，台藏塔上部还有第三排龛，在其上面伸出某个有涡形装饰的东西，他们认为是塔。他们曾玩过这样的游戏：一个人站到这个塔上当汗，其他人站在稍低的周围。在阿古柏之乱前，当地汉族人不允许破坏台藏塔并运走泥土。龛中处处立着"佛像"，尽管都已破损。在新年这天，汉族人会在各龛中放置灯盏并向"佛像"祈祷，因此，整个台藏塔处于灯火中。入口在南面，曾有台阶和一些有壁画的某种建筑。内部可见许多木头、长方木，但到

---

[1] 台藏塔的图，参见克列缅茨：《圣彼得堡皇家科学院 1898 年吐鲁番探险考察通报：吐鲁番及其文物》，第 31 页，图 5；格伦威德尔：《1902—1903 年冬季在亦都护城及周边地区的考古工作报告》，第 49—50 页，图 45、46。我们从四面拍了台藏塔的照片。

[2] 格伦威德尔：《1902—1903 年冬季在亦都护城及周边地区的考古工作报告》，第 185—186 页，谈到台藏塔的葡萄园。

[3] 克列缅茨：《圣彼得堡皇家科学院 1898 年吐鲁番探险考察通报：吐鲁番及其文物》，第 30 页，图 5。

[4] 格伦威德尔：《1902—1903 年冬季在亦都护城及周边地区的考古工作报告》，第 6 页，图 45、46。

处弄得满是堆积物，不见塑像。后来，在阿古柏之乱时期，阿斯塔纳的居民请求允许他们从台藏塔运送泥土到田地，在征得同意后他们就开始运土，而且这也使"佛像"暴露出来：他们认为塔是其头，它很巨大，是坐像。当它被发现时，被砸成了碎块，剩下得不多。居民们又开始拉走木头，这些木头非常好，他们为此曾发生争执。有一次，有人夜里点燃了台藏塔的木头，燃烧了很长时间。穆罕默德·艾敏说，大火烧了"一个月"。当人们砸碎"佛像"时，发现里面有很多书。他们嬉闹并点燃这些书籍以羞辱"佛像"。穆罕默德·艾敏自己也做过此类事。这样的行为一直持续到汉族人来此居住之前。那时，居民们因害怕而不再运土，直至去年（1908年）穆米德吉萨（Мумид Джиса，一个很有势力、很狡猾的小官吏）开始挖掘。此后，阿斯塔纳的其他居民也再次请求允许他们运土，在得到许可后又开始运土。穆罕默德·艾敏说，去年还曾见到"佛像"的双膝，就是现在还能找到"文稿"（写本）和物品，但很少。关于发现物的信息到底有多可靠，我不知道，我没买到在台藏塔找到的写本和物件。我从托赫塔伊斯兰教教长（Тохта-шейх，阿斯塔纳阿利-阿塔麻扎的伊斯兰教教长）那儿购得的一捆汉文写本，属于高昌古城的发现物。

穆罕默德·艾敏说，在阿古柏之乱前穆斯林想在台藏塔以南修建清真寺，尽管遭抗议反对，但还是建成了一座小清真寺。之后，在阿古柏之乱时期，他们毁坏了阿斯塔纳原先的另一座古老的"佛寺"，并在其位置上修建了一座清真寺，而台藏塔旁以前的清真寺被遗弃。我已经看不到这座清真寺了。

穆罕默德·艾敏还说到了一面高墙，在他童年时高墙从台藏塔延伸至高昌古城。他爷爷曾告诉他，达基亚努斯（Дакьянус，源自罗马皇帝德西乌斯的名字）王沿着此墙从高昌古城到台藏塔。是否真有这样的墙，或只是传说的情况，我没弄清楚。

台藏塔用黏土夯筑，仅龛用砖砌成，龛中保存了灰泥痕迹，有些地方有壁画。西面好像是一座黏土夯筑的附属建筑，在里面发现了古旧灰泥和壁画的痕迹。很显然，现在台藏塔毁坏得很快，主要是由于将其泥土运往田地，所以详细测量和考察建筑物是非常必要的。

五、吐鲁番以北的小峡谷

在库鲁特卡村（根据吐鲁番俄罗斯商约阿赫罗尔汗的拼写法فورنعة）和布拉依克（Булаик，بولایق）村之间的山前地带有许多小峡谷。在这些峡谷中及其附近的山顶上，分布着很多遗址。关于这些遗址，格伦威德尔教授在第一部报告中已经讲到，并在第二部报告中做了某些补充[1]。我们认为，从我们自身来说对其做些补充也不是毫无意义的。

1. 库鲁特卡

第一个峡谷始自库鲁特卡村，该村是个只有数间房屋的小村庄，村前有几座穆斯林坟墓。这里栽种了许多葡萄藤，还有一些葡萄凉房。在峡谷中部，有一条河深入峡谷。在西面，河的右岸，靠近村庄的地方有一座不大的寺庙，寺庙里有一尊塑像正对入口。塑像未保存下来，但遗存下一个带有红色颜料痕迹的台座。在右岸，我们没发现遗址。在东面，河的左岸，村后可见一个大建筑群，若不进行发掘便无法弄清楚其准确的平面结构。先是一些墙壁，墙壁附近是一些穆斯林的新坟；然后是建筑群（参见有拱门的建筑的局部照片——插图35和平面图——插图34），外表看来特别像是穆斯林的陵墓。陵墓后面是一些损坏严重的建筑物，为弄清其平面结构，要发掘它们可能不太难。沿峡谷向上有7座支提，支提之间有各种类型的地下通道或者拱顶室，其用途暂时还不清楚。再沿河向上，是一塌陷的石窟，距大建筑四分之一俄丈处的河边还有一个石窟，带有后龛。在大建筑物对面的山丘上有残存的小寺庙，其平面结构大概与下一个峡谷中的类似建筑物相同。在库鲁特卡峡谷后面的第二个小山谷中，有一个被填埋满的石窟。

---

[1] 格伦威德尔：《1902—1903年冬季在亦都护城及周边地区的考古工作报告》，第166—172页；格伦威德尔：《新疆古佛寺》，第211—216页。

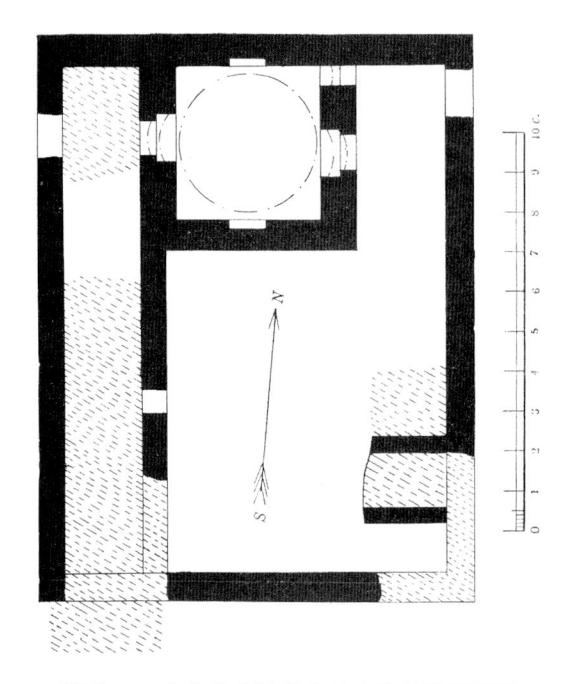

插图 34：库鲁特卡狭谷中的建筑物的平面图

插图 35：库鲁特卡狭谷中有拱门的建筑物局部

2. 塔雷克布拉克

该狭谷的名称令人略感惊讶，因为狭谷中既无一棵树，也无任何泉水。Д.A. 斯米尔诺夫测量测绘了这个狭谷，等高线为一俄丈。要弄清楚这个狭谷及其毗邻山丘上的众多石窟和建筑物很难，主要是因为，无论是石窟还是建筑物都严重毁坏。除绘制平面图、拍摄照片之外，在整个壁画构图遭以前切割壁画或者损毁壁画的行为破坏之处，我们允许自己锯下了足以判断其绘画风格、颜料及其技艺的一些壁画样本。

八十四大成就者窟

关于该石窟，格伦威德尔教授在其第一部报告中进行了详细的描述，并在第二部报告中做了些补充[1]。因为该窟很有价值，我们也要公布自己的记录。直对入口

插图 36：塔雷克布拉克狭谷附近山前地带的第 2 号支提寺

---

[1] 格伦威德尔：《1902—1903 年冬季在亦都护城及周边地区的考古工作报告》，第 168—170 页；《新疆古佛寺》，第 211—216 页。

插图37：八十四大成就者窟全貌

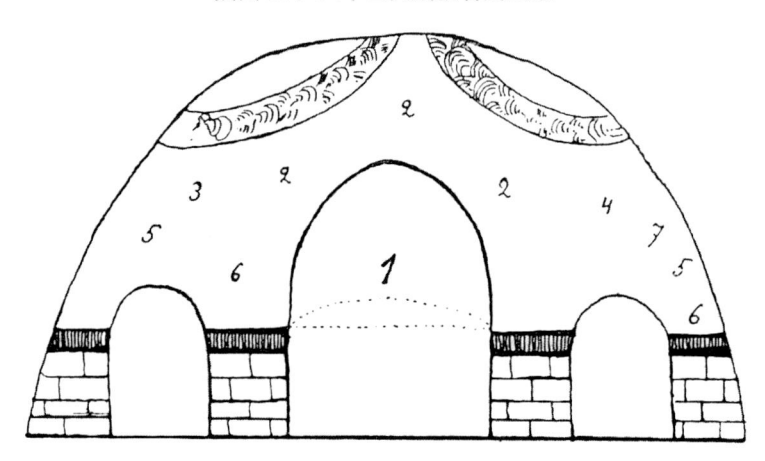

插图38：八十四大成就者窟后壁示意图

处是一个台座，其上方的龛内有精美的大型花卉装饰图案；塑像未保存下来。台座两侧是拱顶甬道，通向洞窟的后室。后室现在被显然是新建的墙壁分隔成两半，因为有塑像的台座大概起支提的作用，人们围绕着它进行巡行仪式。后壁（参见插图37照片和插图38示意图）呈现样式如下：从地面起向上是一条宽0.49米的白色条纹，条纹用红色线条涂画成砖的样子；再往上是宽0.13米的红色条纹，在其上方是壁画。在插图38中，我们用号码标出了构图的某些部分。

1. 佛或者菩萨——无塑像，彩绘头光。

2. 三身佛图。

3. 白色形象（菩萨？），位于树下。

4. 红色的四臂形象，位于树下。

5. 彩绘台座火焰纹中的如意宝珠。

6. 两座蓝色支提。

7. 龙。

8. 描绘水的条纹。条纹之间是有花的枝蔓。

洞窟两侧壁，在红色条纹上方是绘画在四边形中的被称为大成就者（siddha）的图，这些四边形的上角各有一个带回鹘文题记的榜题栏，题记有时超出边框。窟顶部：圆形花纹，内有十字金刚杵（vishvavajra），在缝隙间是植物装饰图案（参见插图37，图版XXVIII）。在绘有大成就者的条纹结束处，以及直到入口的左右两侧还有一些壁画痕迹。右边：1. 马腿末端和马蹄；2. ？，但不是如意宝珠（请比较左3）；3. ？；4. 树木；其下方显然坐一人，可见其头光痕迹。左边：1. 龙；2. 椭圆形框饰，内有？；3. 如意宝珠；4. 狮腿；5. 树下的人物形象，蓝色的。石窟其他壁画或被毁坏或被运走。在洞窟损坏的状况下，窟壁极易成为碎屑，要锯下壁画而不彻底毁坏壁画是不可能的。我们确信，还来过一些人，他们从该窟锯下了某些部位，被齐根锯开的人物图未被取走证明了这一点。

格伦威德尔教授很早就已经从事84大成就者的肖像研究，他在其第一部报告中非常详细地描述了大成就者的形象，并在第二部报告中做了一些补述。因为格伦威德尔教授

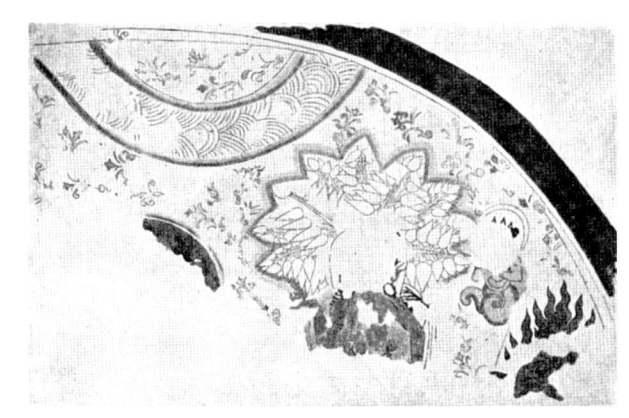

插图39：84大成就者窟后壁左面残存的壁画

仍在继续进行自己的考察研究和准备 84 大成就者肖像研究的专著，所以我们在这里公布我们在现场所做的记录，尽管壁画非常糟糕的状况导致其不完整、不连贯，但仍指望它们有助于确定一些形象。我们使用了格伦威德尔教授的编号。

27. 右手握锤，左手持凿子。

29. 绿色的，有 jaṭā（宝冠或发辫）。

30. 蓝色的，有 jaṭā。坐着，转向（参观者的）右边，膝盖系有红色带子。

32. 坐着。

34. 坐着，一只手放在胸前，另一只手置于双膝上（像是禅定印）。腰部的衣服上有十字纹。其旁边是另一个蓝色的形象。

35. 坐着，穿红色衣服，转向左边。

36. 蓝色的，穿红色衣服，在支提旁。

37. 红色的，可见伸出的右手。

38. 蓝色的，可见胸部饰物。

40. 蓝色的，着密教服饰。双腿、双手、身体上部裸露；举起的右手中是达玛茹手鼓，左手持嘎巴拉（译者注：一种藏传佛教法器）。

41. 蓝色的，戴红色披帛，手为合十印。

42. 红色的，双腿蜷曲，双手置于臀部。

43. 坐着，转向右面。双手持某个长物。

44. 蓝色的佛，结跏趺坐，结转法轮印。

71. 蓝色的，坐着，穿红色衣服。

72. 一手托足，另一只手伸向胸部。

73. 其面前有砖（？）；他手握大锤（像石匠）。

74. 五具骷髅在骨瘦如柴的隐士旁边舞蹈。

75. 穿着羚羊皮。

78. 面向参观者的僧人。

80. 右手握着像鞭子的某物。

83. 右手握红色物件伸向一边，其上绘画 20 个不明物（4 排，每排各 5 个）。

86. 站立，而 84 坐着，双手分开伸出。

87. 有 jaṭā（？），穿羚羊皮。

88. 右手握锡杖、左手持钵多罗的僧人。

令人好奇的是，在黑水城的古吐蕃尊像上，在大成就者图之间也有僧人图[1]。

3. 萨西克布拉克；4. 西旁

第三个狭谷名叫萨西克布拉克（"臭水泉"），当地对这个名称也无任何解释，现在狭谷中无任何有臭水的泉水。狭谷附近，山丘之间有一水塘和许多树。就在这附近的山丘上，从那儿可很好地看到整个吐鲁番谷地，有一些大遗址，普鲁士探险考察队在遗址中找到了许多景教写本。有人告诉我们，这个地方叫西旁（Shipan，最后一个音节发音接近法语 en）。冯·勒柯克博士称其为 Shui-pang。接下来是布拉依克村。正如格伦威德尔教授已指出的，萨西克布拉克的一些石窟与高昌古城的建筑物 Z 有着紧密联系。我们可以从这些石窟中拿走几块壁画，它们在我们找到时已经严重破损。我们注意到一个在佛教肖像中很典型的塑像宝座靠背，宝座两侧各有两个摩伽罗及一个抓着蛇的迦楼罗（金翅鸟），位于第 3 窟上部。头光也是典型的古吐蕃样式，既不是圆形，也不是椭圆形。第 4 窟因其壁画而引人注目。但非常遗憾，壁画严重褪色，甚至有些变色，只有经过长时间的研究之后才能对其进行描摹。必须注意到以条纹绘画的四方形场景边饰，在四方形内是喇嘛和神的图像。不大的神像吸引了我们。有汉风壁画的第 5 窟特别有趣，窟中描绘有阿罗汉（参见图版 XXIX）。在这里，我们不由得惋惜，尽管这些石窟未必很古老，但时间完全不足，不允许我们对这些很有意义的石窟进行非常认真仔细的研究。如果我们有足够的时间，我们无疑还能够弄清楚其构图，并借助描摹图和检验性照片全面呈现吐蕃

---

[1] 参见我们的《黑水城的佛像材料》，载沙皇亚历山大三世博物馆民族部《俄罗斯民族学材料》第二卷。有大成就者图像的照片虽是现在拍的，但其图像毫无疑问反映了古老的传说，它们将用于格伦威德尔教授的书中，该书将出现在《佛教书库》（*Bibliotheca Buddhica*）中。

艺术的这些最古老的样本。关于这一点，更加惋惜的是，格伦威德尔教授也失去了在其第二次考察时仔细研究这些石窟可能性，研究这些石窟必定需要佛像专家的独到眼光。在第 3 窟的堆积物中，我们找到了一些写有西夏文字的碎片。也许，这种情况还可再次证明高昌古城 Z 寺庙的这些石窟、吐峪沟麻扎和明腾阿塔（在库车）的某些古迹与西夏圣像画遗存的联系，П.К. 科兹洛夫上校在黑水城找到了西夏圣像画的优秀样本。

六、胜金口

这个狭谷位于哈拉和卓以北，拥有大量令人好奇的古代遗迹，至今几乎无人考察研究过它们[1]。只有在特别关注、细心研究和小心发掘的情况下，胜金口的古迹才能提供隐匿在其中的丰富的科学材料。相关情况说明了这一点：寺院被从紧靠其后的山上冲下来的黏土和石块覆盖，石窟坍塌并被填满沙土和碎石，壁画磨损，被黏土泥流掩埋或被严重划伤。С.М. 杜金拍摄了许多照片，Д.А. 斯米尔诺夫绘制了平面图，之后我和他一起进行了检查。除此之外，我还特别认真地考察研究了第 1 号寺庙。

Д.А. 克列缅茨标注的建筑遗址，在他之后被格伦威德尔教授标注为第 1 号建筑群，如果不进行详尽的发掘是不可能准确地确定其平面结构的。毫无疑问，这个建筑群中大多为祷告室。其中一间祈祷室，正是主寺的（参见图版 XXXI）。Д.А. 克列缅茨说到过它，格伦威德尔教授也详细地描述过，我们停留的时间略长些。祈祷

---

[1] 克列缅茨：《圣彼得堡皇家科学院 1898 年吐鲁番探险考察通报：吐鲁番及其文物》，第 37、45、47 页；格伦威德尔：《1902—1903 年冬季在亦都护城及周边地区的考古工作报告》，第 113—161 页。从这些最珍贵的描述中，尽管时间不足编写得有些仓促，但仍可看出格伦威德尔教授赋予胜金口何等的意义，同时他还留有遗憾，因为他无法为胜金口抽出更多的时间。А. 冯·勒柯克博士（《高昌——第一次普鲁士皇家考察队所得新疆吐鲁番古物图录》，第 11 页）个人声明他考察的主要目的是寻找写本，所以他显然未曾研究古迹。

室由一间内室构成，室内台座上曾立有塑像，但现在已完全消失。根据残余的少量饰物判断，很可能是一尊菩萨像，或是观音菩萨，或是弥勒佛。地面彩绘，画的是一池塘，从塘中很明显地化生出塑像的莲花座。在入口旁有一朵花结状莲花，花两侧附近各有一跪着的人物形象，至于是什么样的，现在无法辨别。接着是水中游动的鱼、位于莲花上的大象长牙、花和珠宝。在台座安放处两侧各有一个榜题栏，写有风格化的象形汉文[1]。地坪为橙色，漂浮着的绿色、红色和黄色的花，色彩特别鲜艳。地仗被严重损坏，大概是在发掘台座时造成的[2]，但总的构图很容易复原[3]。

后壁显然用作塑像的背景，是一座完整的众神庙，不过众神个性化不足。格伦威德尔教授详细描述了壁画及其技艺，然而我们关注它们，是因为仔细研究其残存极少的题记[4]取得了有价值的成果，这再一次证明，在研究中国新疆以及其他地区的古迹时，迫不得已的快速考察经常会影响对

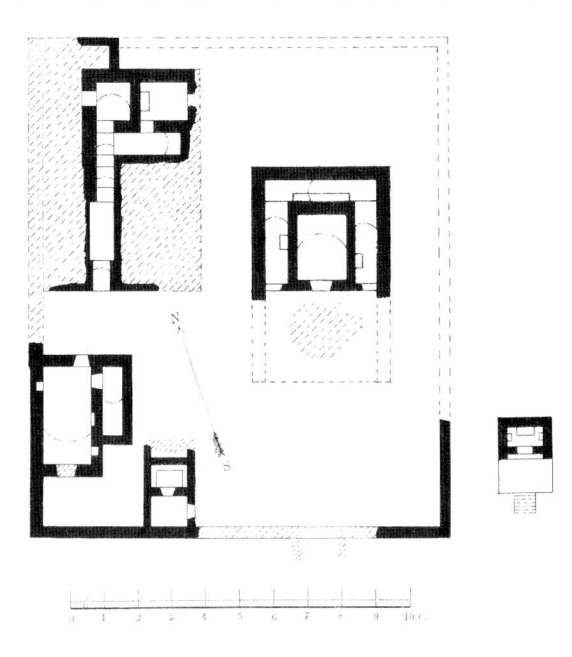

插图 40：胜金口，第 1 号寺庙

---

[1] 无论是伯希和教授，还是 А.И. 伊万诺夫以及 B.M. 阿列克谢耶夫，都未能通读出这些象形文字，他们认为这些字符是杜撰的。
[2] 我们清理了这个坑，如果不算"广告"出版社《匹克威克俱乐部》期刊中的一小页德语译文，除了堆积物和一些饰物小碎块外，我们在坑中什么也没有找到。它是我们在一俄尺半的深处挖出来的，像期盼的"哈特"（хат，维吾尔语"文字"之意）——写本一样受到我们工人的热情迎接。
[3] 在柏孜里克和库车也有类似的地坪。在柏林有精彩的地坪壁画样本，其构图更加复杂。
[4] 在格伦威德尔教授考察期间，胡特（Хут）博士拍照并抄录了题记，那时这些题记保存要比现在好得多。非常遗憾，在胡特博士于柏林去世后，格伦威德尔教授和我寻求这些照片和复制品的所有愿望都化为了泡影。

遗迹的正确理解。格伦威德尔教授指出了塑像右面墙壁上写有佛名的榜题，尽管格伦威德尔教授提到了佛名（他未列举全部），我们已经找不到它们了，仅还可认得出义见佛（Arthadarsinbuddha）、宝髻佛（Ratnasikhinbuddha）。在该壁支提图的上方残存有被擦掉的题记，好像还能辨别出 Kaniskara……这里也许是提到了一个伟大的国王佛教徒，应该补写上 ja（rāja，王）。稍下，我们看到一排叶状小盾，小供台旁有佛，供台上摆放长方形开本的书籍[1]，而在旁边的小榜题栏中有这些书籍的名称，都是著名的佛教文献。很遗憾，在我们研究这些题记时，它们几乎全部被磨擦掉，而且部分被切割，但能清楚辨认出《郁多罗毗婆沙论》（Uttaravibhasa Paramarthasaptati），其中一本书名的开头是 Bhasa...，另一本的结尾是 ...stra，可能是 ...castra。因此，在右壁的这个部位似乎曾描绘过精选的佛教典籍。毫无疑问，当壁画保存得很好时，认真地阅读这些题记获得的内容要比我们现在既费力又费时才能猜到的要多得多，但这一切需要的除了时间还是时间。

　　阅读左壁题记的结果更有趣：该壁上的教义问答性的名录正文原来是画上的，譬如早已闻名的《法集名数经》（Dharmasamgraha）、《法身经》（Dharmacarira）。经文大概是以 Buddho Bhagavāṃ 和 ‖ ‖ trayodaca pramodya-vastūni ‖ 的语句作为开头。非常遗憾，题记有一部分已完全消失，有一部分保存得不是很好，在时间有限和缺乏查询参考书的情况下，仅凭个人记忆处理，因而我们能够阅读的远非全文。我们从接下来的经文中列举几个术语：十狱苦（daca krtsnayatanani）[2]、十二种因缘起（dva[da]ca[ngaprati]tyasamutpada）。甚至对少得可怜的碎片进行仔细的校对，也可能会收获有意义的结果。我们可依据相关的《法身经》确定这些碎片，已在中国新疆的写本中找到了一些，那里的人们显然喜爱阅读这些文本。

　　我们暂不论及该寺庙内室的其他题记，主要是因为我们的记录很不连贯。但我们认为有意义的发现是，门旁墙壁上的图和文字与摩诃迦叶有关。

---

[1]　我们只是在研究这些供台的第三天猜到，两处用细带捆绑的长方形物品是书籍，并马上将写有书名的榜题与其进行了比对。
[2]　《翻译名义大集》（Mahavyutpatti），第72页。

对于格伦威德尔教授谈论很多的巡行甬道，我们只能补充如下：从佛名中还可以辨认出梵天和安乐（Ksemamkara），佛之名录与柏孜克里克的完全不同[1]。如果花费一些时间，也许还可以准确地解读出一些，当然是除了那些被切割和被运走的题记之外的。内室东西外壁上的构图与格伦威德尔教授所预料的也不一样，而是塑像两侧都有独立场景，都有主要的人物形象。所有的场景都曾有说明题记。在大般涅槃场景上方的佛头旁有一些题记的微弱痕迹，只能认出几个字母。

根据格伦威德尔教授的描述以及从我们的补充可以看出，该寺庙因其壁画类型独一无二而特别值得关注。对廊道进行清理后，我们找到了几页回鹘文写本和一些微不足道的梵文写本残片。

关于第6号建筑，我们要述说的不多，因为格伦威德尔教授几乎详尽无遗地描述过它。我们认为，必须从我们全部的照片中挑选出两张用作图版XXXII和图版XXXIII，第一张呈现的是窟顶，第二张呈现的是入口对面墙壁上的尊像。格伦威德尔教授有其精美图画[2]，他遇见墙壁上的尊像时，壁画保存状况还很好，要比我们看到的好得多。尽管他的这些珍贵的图画水平很高，但这里我们再次给出照片，这样做主要是为了强化我们原则性地反对格伦威德尔教授在别的地方所提出的论点："在我看来，由于种种原因照片是不可能的：最正确的方法是用描图纸和颜色相互补充和完善绘图。"[3]在格伦威德尔教授两部报告中，其始终不渝地贯彻了这一原则，照片的数量及其尺寸都不是很大。确实，在从事壁画的鉴定、研究及描摹工作时，格伦威德尔教授不想要优秀摄影师的帮助，他自己也不可能花费时间去研究照片，但作为一个专家，他在这些方面仍然无人能够替代。然而，格伦威德尔教授对保存得不好的壁画照片不信任也是毫无疑问的。我们准备赞同他的观点，但仍然认为照片对于验证描摹图和图画来说是必要的，也是唯一可靠的。确实，如果我们

---

[1] H.吕德斯（H.Lüders）：《柏孜克里克第九窟的誓愿图》（Die Pranidhibilder im neunten Tempel von Bäzäklik），载《普鲁士科学院会议录》（*SBPAW*），1913年，第864—884页。
[2] 格伦威德尔：《1902—1903年冬季在亦都护城及周边地区的考古工作报告》，图版XXVIII和图143a。
[3] 格伦威德尔：《1902—1903年冬季在亦都护城及周边地区的考古工作报告》，第157页。

将第6号建筑的彩绘顶部照片同格伦威德尔教授的复原绘图进行比较，我们将应承认，原创的图案装饰是另样的：其主题——一朵重瓣的花，花瓣直接叠摞；而复原的主题则不同——一串带有花瓣的同心圆，花瓣之间还有某种图案装饰。花饰中心的许多细节表现得也不一样。

我们当然承认拍照的惊人速度，凭借这种速度能够捕捉住彩绘顶部图案装饰一些不易觉察的细节，但根据个人经验和其他例子可知[1]，由于光源偶然显现以及阴影移动变化，特别是当时间不允许多次检验第一眼产生的印象时，在图案装饰的理解上是很容易犯错的。我们认为，在研究图案装饰和一些复杂的壁画时，照片永远是可靠的和必要的验证材料。所以，我们还要说说直对第6号建筑入口的壁画。将格伦威德尔教授的图画同我们的图版XXXIII进行对比表明，图画与原创也存在一些偏差，这再次证明照片重要的验证作用。

在图版XXXIV中，我们展现了从山上观看第7号寺院的外貌。因为照片是从高处拍摄，所以寺院的平面结构清晰可见，我们以Д.А.斯米尔诺夫绘制的平面图（插图41）来作为补充。这个平面图与冯·勒柯克刊布的略有不同[2]。将这个平面图同我们给出的胜金口第9号寺院的平面图（插图42）[3]、高昌古城β寺院的平面图[4]、交河故城的两座寺院（图版XXIII和XXIV）以及最后同吐峪沟麻扎的一座寺院进行比较很有意义。对所有这些寺院的平面图进行认真仔细的比对，我们能够更

---

[1] 我指的是Д.А.克列缅茨的例子。他在吐峪沟麻扎将公猪头误看作公鸡头，仅因为该窟中在一定的光照下，这些头像确实像公鸡的头（参见下文和插图47）。后来，格伦威德尔教授在第一部报告（格伦威德尔：《1902—1903年冬季在亦都护城及周边地区的考古工作报告》，第79页，图65）中介绍了一幅令人很好奇的装饰图案，装饰图案的中间是有白边的黑色圆圈。我们对这个不寻常的装饰图案很感兴趣，在中国新疆未遇到类似的。我们认真仔细地研究了这个图案装饰，然后与С.М.杜金和Д.А.米尔诺夫就研究结果交换了意见，他们完全承认我们的诠释是正确的。那里，在图65（第79页）上有白边的地方，实际上是有联珠纹图案装饰的白边，而在黑色圆圈之处则是有植物图案装饰的圆；将装饰图案题材连接起来在中国新疆是众所周知的。我们得以更好地研究了装饰图案，只是因为我们是在特别明亮的光照下看到了它，而这样的光线在高昌古城β建筑物墙壁的这个部位是罕见的，它为我们照亮了这幅褪色的壁画。

[2] 冯·勒柯克：《高昌——第一次普鲁士皇家考察队所得新疆吐鲁番古物图录》，第12页。

[3] 格伦威德尔：《1902—1903年冬季在亦都护城及周边地区的考古工作报告》，图145。

[4] 格伦威德尔：《1902—1903年冬季在亦都护城及周边地区的考古工作报告》，第74页，图59。

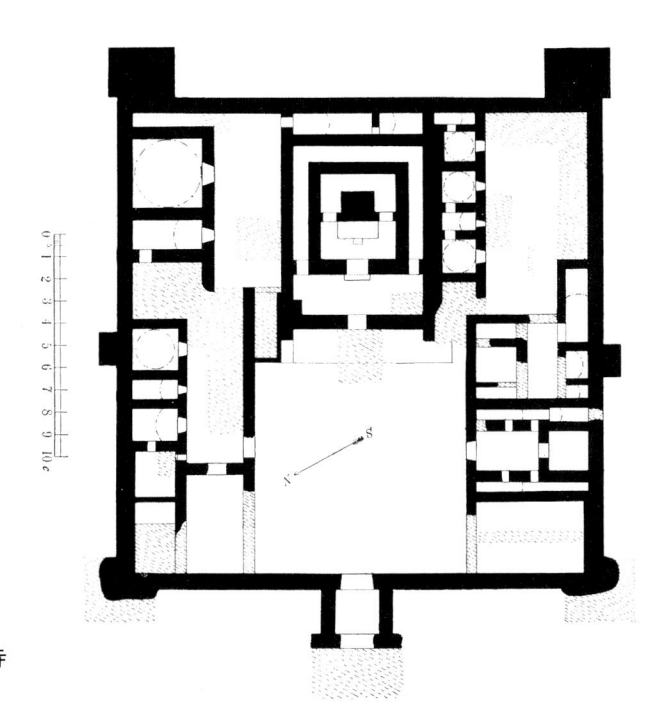

插图 41：胜金口第 7 号寺院的平面图

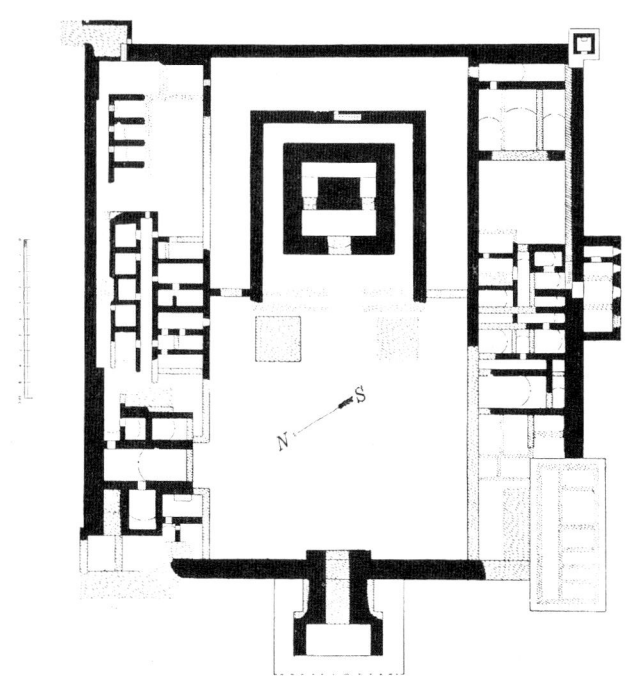

插图 42：胜金口第 9 号寺院的平面图

加准确地复原吐鲁番地区最流行的佛教寺院的平面结构类型，这样才可以将该地区的佛教寺院同中国新疆其他地区佛教寺院的类型进行比较。

第 9 号寺院的两间小房屋因其大量的题记特别值得注意，但现在这些题记仅保存下来一些完全无关紧要的片段；不过，如果有充足时间，借助残存的题记可能会在确定它们所属文书方面获得某种结果。第一间房是东南塔二层的小礼拜堂[1]——根据壁画的构图来看与柏孜克里克第 43 窟（格伦威德尔第 6 窟）有些相似。入口对面是一坐像台座，部分彩绘的塑造头光保存下来了。墙壁上曾绘有中间是佛图的场景，场景之间有题记，题记大概有四行。塑像头光上方顶部的构图特别有趣：向顶部过渡的华盖幔帐，接着是顶上位于莲花上的佛，头朝向入口，其两侧好像各有一人物形象；头两侧的上面各有一撒花的神。在佛上方残存的题记中可见单词 sapta（七）和 kalpitam（虚妄）。

在北面墙壁的后面，在东北部有一座不大的寺庙，其部分构图，特别是顶部装饰，使其与胜金口第 1 号建筑群中的一座寺庙以及柏孜克里克第 43 窟（格伦威德尔）近似。在入口对面的正中是一塑像台座，台座上方可见残存的彩绘塑造头光。塑像两侧和下方有一些题记，几乎完全磨损，稍下还有某幅现在难以分辨的壁画，顺便说说，是一些有图案装饰的条纹。其中山景画风格化，都保存得很差。在左壁和右壁上各有两幅尊像，用边饰相互分开。都有坐佛主像（佛说法的类型），坐佛上方有题记，题记上方是图案装饰的宽条纹，宽条纹上方是另样的窄条纹，然后是顶上橄榄色细窄边框内的尊像。这些尊像构图的典范类型如下：中间是宝座上的佛，下面两侧各有一身形象（有时各有两身）；佛头两侧各有一神，一手持托盘，另一只手抛撒鲜花。尊像上方的白色条纹内是黑色题记。这样的尊像每栏各有 8 铺，每侧各有两栏，一共 32 铺。服饰及背景色调以深紫色为主。两侧的人物形象各种各样。顶上的佛以头相接，佛图之间有两道题记条纹，每侧各有一道。有趣地注意到，第 1 条和第 7 条题记不知为什么写成斜体；文字为中亚

---

[1] 参见平面图 42，右上角。图版 XXXV—XXXVI 上是寺院的外貌。

婆罗谜文。关于这些题记更加详细的信息，我们将延后至我们的全面报告。我们仅说一下很想提到的《大因缘经》（Mahanidanaparyaya）[1]。在时间充裕的情况下，也许能够弄清楚很大一部分的题记，看来，它们也像我们刊布的科汉诺夫斯基（Кохановский）医生自吐鲁番运回的碎片一样[2]，摘自典籍，因此它们是佛教"说一切有部"的梵文典籍样本。

图版XXXVII—XLI是令人好奇的一组石窟寺及第10号附属建筑壁画的照片，我们附上它们是因为该壁画所呈现的内容很有意义；这些图版可以补充格伦威德尔教授的描述及图画[3]，他对没有机会描摹更多的图画表示遗憾。在图版XXXVII中，我们展现了第10号建筑I室（格伦威德尔的A室）的部分彩绘顶部和墙壁，其中有精美的树和葡萄枝图。图版XXXVIII呈现的是2c（格伦威德尔的B）的彩绘顶部：花饰和过渡到墙壁的半幅花饰。图版XXXIX和XL展示的是从彩绘顶部到墙壁的交界处残存的本生故事图。图版XLI展示的是3a（格伦威德尔的D）室的内部情况。如果有机会有更多的时间研究这些石窟和寺庙，那么毫无疑问能够几乎完全复原整个构图。

总之，应该承认，胜金口的寺院、石窟及其他建筑有许多引人入胜之处，考察研究者们即使能够研究解决写本方面的问题，但在建筑艺术及绘画方面还几乎尚未触及。这里还有一些被封砌的壁画，还有很多被黏土覆盖及被泥沙掩埋的屋室，这些屋室的平面结构不明，其装饰图案也不总是很清楚，因此在这里，比如在一些寺庙中毫无疑问有大般涅槃的塑像，它们有待小心谨慎及认真仔细地考察研究。

---

[1] 请比较格里姆布罗特（Grimblot），*Sept suttas pälis*，巴黎，1876年，第244页（《大缘经》*Mahanidanasutta*）；这些题记的文字片段表明，我们接触到的是与《大缘经》近似的经文。
[2] С.Ф. 奥登堡：《科汉诺夫斯基医生编写的吐鲁番文物搜集品简要目录》（Краткая опись составленного доктором Кохановским собрания древностей из Турфана），载《俄罗斯皇家科学院通报》，1907年，第805—818页。
[3] 格伦威德尔：《1902—1903年冬季在亦都护城及周边地区的考古工作报告》，图版XXIX、I d；《新疆古佛寺》，第338—339页。我们不完全同意其绘画的装饰图案的某些细节。

七、柏孜克里克

在本报告中，我们不准备详细叙述柏孜克里克的石窟，因为格伦威德尔教授写了一本非常好的书，对柏孜克里克的壁画和 A. 冯·勒柯克博士奇妙的图版都给予了特别关注，后者曾同巴图斯先生一起在这些石窟中切割了大量的壁画。当然，我们现在也可以做很多单独的说明和补充，但不宜将其安排在初步简报中，因此我们仅限于说明，我们在柏孜克里克是如何工作的。首先，我们绘制了平面图（插图43），因为此前尚无人在这里进行过测量、测绘工作。现在只有格伦威德尔教授画的平面图草图，我们的平面图与其非常接近，根据比较可以确认这一点[1]。尽管如此，我们仍坚持公布自己的平面图，那只是因为我们的平面图是利用器具绘制的，并因此更加准确地将各部分联结起来，顺带证明了弯折处的角是钝角。

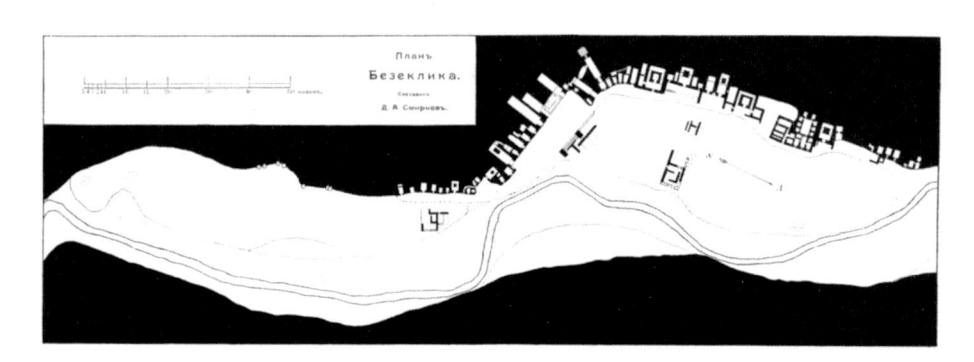

插图43（图中文字：柏孜克里克平面图，绘制者：Д.А. 斯米尔诺夫）为柏孜克里克总平面图，Д.А. 斯米尔诺夫绘制于 1909 年秋，原平面图比例尺一英寸等于 10 俄丈。山岭用黑色标出，穿过某些洞窟的界线显示在山的轮廓线通过之处，在这里给出的平面图上，这条界线可见的并不是其全长，因为它大部分与洞窟边缘重合并因此与山岭地形汇合。窟前的线条为平台的边缘，其后是向河的小悬崖，再往下是河岸线。

---

[1] 格伦威德尔：《新疆古佛寺》，第 224 页，图 494。

柏孜克里克起初大概曾是一个摩尼教寺庙村，后来被佛教徒占据，他们在这里改建了许多石窟。第23窟（格伦威德尔的第25窟）大概应是最早的一个摩尼教洞窟[1]。在该窟深处描绘了一棵树，树下两侧分布有人物，形象仅保存微弱的轮廓。格伦威德尔教授未公布这幅最令人好奇的壁画的图画，他在画中确定了许多内容，它们现在要么不存在了，要么由于壁画的状况极差而无法拍照。非常希望格伦威德尔教授能公布这幅宝贵的图画（图版XLII）。C.M.杜金临摹了该窟的装饰图案，想必是佛教的（插图44）。

插图44：柏孜克里克第23窟（格伦威德尔的第25窟）墙壁上的装饰图案

在第32窟（格伦威德尔的第18窟）中，C.M.杜金临摹了手端托盘敬献鲜果的神图，我们把这幅缩小的临摹图展现在插图45中[2]。

在图版XLIII中，我们展示了第42窟（格伦威德尔的第7窟）的部分壁画。格伦威德尔教授详细描述过该壁画。他认为，这里描绘的是极乐世

插图45：柏孜克里克第32窟（格伦威德尔的第18窟）右（主像的）壁上手端鲜果的神

---

[1] 格伦威德尔沿河向下游计数石窟，而我们则是沿河向上游进行计数。为便于识别格伦威德尔教授的编号，我们将他的编号添加在括号中。
[2] 请比较格伦威德尔：《新疆古佛寺》，第269页，图554。

界的阿弥陀佛，我们完全同意[1]。

下一个是第 43 窟，其全貌展现在图版 XLIV 中。尽管我们遇见它时壁画状况很糟糕，但该窟仍因其大量梵文题记吸引了我们。窟顶布满场景，佛坐在这些场景中央的宝座上，彩绘顶部的经文已被确定为一种被称作《问与答》(*Pracnottara*) 的教义问答小手册，它们在佛教世界和整个印度非常流行，也许对波斯中期的文献《律师书》(*pandnamak*) 也产生过一些影响。这里是《梵天所问经》(*Devatapariprccha*) 形式的教义问答手册，是神与佛的交谈。我们不准备详细谈论这个有趣的经文，因为在几乎一半被毁灭的题记中只保存少量的经文偈颂，我们早就在准备专门研究《问与答》，在这里仅指出这些《问与答》在中亚佛教徒中很流行。我们过去曾出版过彼得罗夫斯基搜集的写本《问与答》的摘录[2]，后来我们又找到了大概是同一写本的片段，非常遗憾结尾不完整，其中有作者的名字。结尾是：-m[2]4....c. na darcitā cāstṛṇā，下一行——lasya kathit[t-] Vasumitrena nāmeneti 25。

在谈及佛教时，拉施德·阿尔丁（Рашид-ед-дин）大概主要是根据克什米尔僧人那先（*Kamalacrī*）的话引用《问与答》[3]的一句话：در سوالات که فرشته از شاکیهی کرده ,
并且将《问与答》十分准确地翻译为سوال 与جواب；要指出的是，这篇经文的某些部分将《梵天所问经》(*Devatapariprcchasutra*) 直译为《宝鬘喻经》(*Ratnamalavadana*)，比如：kiṃ ca prajvalito vahniḥ kiṃ mahad daruṇaṃ tamaḥ
ناربکتر است نبری است که از همه نبرهیها کدام آتش جان سوز است وکدام。在顶部的经文中也发现了与《梵天所问经》很相近的偈颂。

《梵天所问经》：

---

[1] 格伦威德尔：《新疆古佛寺》，第 252 页。
[2] 《Н.Ф. 彼得罗夫斯基收藏的喀什梵语写本摘录》(Отрывки кашгарских санскритских рукописей из собрания Н.Ф.Петровского) Ⅰ，载《俄罗斯考古学会东方分会会刊》第 8 期，1894 年，第 58—59 页。
[3] 多亏 B.B. 巴尔托德（Бартольд）善意的指明，使我们注意到拉施德·阿尔丁书中的有关章节，我们使用了帝国公共图书馆的写本：Ⅴ, 3、12 和 Ⅴ, 3、13。所有文本均未对写本做出改变。

kiṃ na dahati saptarciḥ

kiṃ na bhinatti mārutaḥ

kiṃ vā na kledayanty āpaḥ

kiṃ na kṣīnaṃ ca bhūmiṣu

柏孜克里克第43窟：

kiṃ svid agnir na dahati

bhinnati na ca maruta

kiṃ svin na kledayaṃty ā[paḥ]

……

由于该窟壁画遭受严重破坏，我们从窟中取走了几块壁画样本，因为其壁画中有很多有意义的东西。格伦威德尔曾详细描述过该窟[1]。

在图版XLV中，我们展现了第45窟（格伦威德尔的第4窟）的彩绘顶部，插图46是该窟的部分壁画，格伦威德尔教授详细记录过该窟[2]。正如从甬道看到的那样，在我们的照片上可见巡行甬道的部分后壁。

插图46：柏孜克里克第45窟（格伦威德尔的第4窟）环形甬道墙壁的壁画

八、木头沟村附近的遗址：伯西哈、霍扎姆布拉格、帕卡布拉克

要准确介绍位于柏孜克里克后面及木头沟村周围地区的大量建筑物及石窟的

---

[1] 格伦威德尔：《新疆古佛寺》，第242—245页和图515—521。
[2] 格伦威德尔：《新疆古佛寺》，第237—241页。

位置，不全面详细地测量、测绘这个多山及多丘陵的地区是完全不可能的。为了查明其准确的平面布局，必须进行仔细的发掘工作。格伦威德尔教授给出了石窟群和建筑群的平面示意图，他称其为木头沟2区、木头沟3区。我们不知道当地人如何准确称呼这些地方，它们是否有确定的地名，但我们要事先声明，也许这些名字是他们故意编造给我们的[1]。我们将格伦威德尔教授的2区标注为伯西布哈（Беш-буха）或者伯西哈（Беш-ха），而3区则标注为霍扎姆布拉格（Ходжам-булаге）。此外，附近一个地方有一些遗址，我们暂时未将它们同格伦威德尔教授所指的遗址对应起来，指引我们看到这些遗址的男孩称这个地方为帕卡布拉克（Пака-булак）。还有人给我们指出山中一个名叫库鲁克口（Курук-агыз）的地方，那里好像有一些遗址，但Д.А.斯米尔诺夫去后查明，在指定的地方无任何遗址。然而，我们认为必须补充一点，我们确信，就寻找欧洲人尚不知晓的建筑遗址，尤其是石窟来说，对紧靠吐鲁番以北地区及直到色尔克甫之间的山地和狭谷进行测量测绘可能会获得某些结果，石窟位于极易坍塌的砾岩中，常常被完全掩埋，只是偶尔会被挖掘出来。

我们对于那些被挖掘得很乱并因此不易绘制平面图的遗址，只能花费很少的时间。一些特别令人好奇的都拍了照片。在图版XLVI中可以看到寺庙入口旁的部分墙壁，格伦威德尔教授将寺庙标示为G[2]。当格伦威德尔教授在吐鲁番时，这幅地狱场景尚保存得较好，从其图画看就可以相信这一点[3]。图版XLVII上是伯西哈从东数第二个洞窟（格伦威德尔木头沟2区第2窟）顶部的部分壁画，彩绘顶很像锡克沁第10窟的顶。格伦威德尔教授描绘了有菩萨出家（Abhiniskramana）形象的花饰[4]。顶部装饰图案非常雅致，但正如根据图版XLVII的照片可以确信的，我们对其装饰图案的解释应该不同于格伦威德尔教授所作的解释，尽管我们完全理解，在

---

[1] 尽管我们多次向互不相干的人询问打听。
[2] 格伦威德尔：《新疆古佛寺》，第308页，图624。
[3] 格伦威德尔：《新疆古佛寺》，第312页，图629。
[4] 格伦威德尔：《新疆古佛寺》，第303页，图615和第302页的说明。

黑暗的洞窟中的构图特征可以显示为他解释的那样：无叶，但有茎秆，茎秆上有风格化的叶子，两根茎秆从莲花中垂下，莲花上坐着某个菩萨（在无象征物的情况下，我们无法说出其名），随后茎秆升起并弯曲，像叶子一样汇聚于菩萨头顶上方，弯曲的形状使人产生好像是叶子的错觉。这些茎秆穿过从每侧分离出的另一根茎秆，借助于在锡克沁、胜金口，还有可能在其他地方也有的装饰图案主题（变异不大），互相联结在一起，在中央花饰周围形成一个完整的图案。整个构图还增加了装饰条纹，作为向壁画的过渡。这幅美丽的壁画损坏严重。

九、七康湖及周围地区

胜金口狭谷尽头的桥旁，在道路拐向柏孜克里克和木头沟的那个地方，附近有一条道路沿小河谢列克苏（Серек-су）右岸通向北方[1]。当出山走近沼泽湖七康湖时[2]，这里的水量令人大吃一惊，众多湍急的小溪从四面八方涌向这里。七康湖现在是一个有许多小洲的大沼泽地，沼泽地中也许曾经有过干地。在沼泽地西部边缘矗立着一座很大并且保存得相当好的寺院，与胜金口寺院的类型近似。寺院的主庙中间有一支提（支提每侧下部各有一龛，每侧两排各有五个龛），对着大院。令人好奇的是，西南角巨大的塔形建筑有一排小房间。寺院东北部，在沼泽地边上有一岬角，其上有一寺庙遗址，还有一些小型遗址。在沼泽地中部的高地上曾有一个大建筑群，但现在已严重损毁；有一些中央有支提的寺庙和一些残存的支提。其东部还有几面墙壁。总之，此地还曾有一些独立的建筑或者建筑群，

---

[1] 我们应该完全承认冯·勒柯克博士的说明是正确的，即该河的名称乌普连格（Упренг）在当地无人知晓（请比较格鲁姆-格尔日麦洛、克列缅茨、格伦威德尔）。我们在该地周围住了两个星期，询问了所有的当地人，但从未有人听说过乌普连格这个名字。我们认为，这里有误解，这种误解在旅行记录当地原有名称时常常发生。
[2] 关于这些地方的遗址，请看格伦威德尔《新疆古佛寺》第312—315页，和冯·勒柯克《高昌——第一次普鲁士皇家考察队所得新疆吐鲁番古物图录》第11页。冯·勒柯克绘制的地区和建筑物示意草图并未完全准确地呈现古代遗址，而照片很遗憾太小了。

保存下来一些工艺不错的残存塑像。在寺院以西半俄里处，有一些支提，支提旁是（在我们来到该地时）干涸溪流的小谷沟，河谷两边相对有一些石窟和建筑，南边的要比北边的多得多。Д.A. 斯米尔诺夫绘制了这些建筑和石窟的平面图[1]，除此之外还拍摄了照片。格伦威德尔教授对这些石窟中引人注目的古老壁画做了一些记录，冯·勒柯克博士切割并运走了部分壁画。对这些遗址进行精心的清理及在清理后绘制这个地区完整的平面图是合乎需要的，因为毋庸置疑的是，我们接触的是古代的礼拜场所。壁画的特征与库车的相似，多多少少也像锡克沁第1窟白底上的壁画。

十、吐峪沟麻扎

吐峪沟麻扎是与纪念"七个睡着的少年"有关的地方[2]，克列缅茨、格伦威德尔、冯·勒柯克、A. 斯坦因，也许还有其他旅行者都曾探访过其后的狭谷。其中，格伦威德尔和克列缅茨写过详细的报告。C.M. 杜金拍摄了大量照片，Д.A. 斯米尔诺夫绘制了一些石窟和河右岸一座新奇的双层寺院的平面图。狭谷中及其入口处的建筑物及石窟的数量相当大，它们散布在河的两岸。对该地进行全面测量及制备详细的平面图当然非常重要，但也需要很长时间，由于存在大量必须要克服的困难，且经历了很长时间，加上旅行者及继旅行者之后当地人经年累月地挖掘，致使许多地方被填满堵塞，因而测绘之前需要对其进行清理、清除。鉴于此，我们仅限于绘制河右岸寺院和一些石窟的总平面图，同时对整个狭谷进行认真仔细的考察。

---

[1] 格伦威德尔《新疆古佛寺》第314页和冯·勒柯克第11页的平面绘图均为概括示意图。
[2] 请比较 Н·卡塔诺夫（Катанов）《塔塔尔族关于七个睡着的少年的传说》(Татарские сказания о семи спящих отроках.)，载《俄罗斯考古学会东方分会会刊》第8期，1894年，第223—245页。

第三章　吐鲁番地区　　67

现在，我们只是提出几条意见和提供一些照片，它们可以补充格伦威德尔教授很宝贵的记录[1]以及冯·勒柯克博士公布的信息[2]。我们将沿河向上讨论一些石窟和建筑。

我们来到第38窟（克列缅茨的编号）时，其壁画几乎完全消失。对于Д.А.克列缅茨和格伦威德尔教授的记述，我们只想做一些补充。格伦威德尔教授说，他已看不到克列缅茨描绘过的有公鸡头的圆形装饰。毫无疑问，这只是一个误会，因为这些圆形装饰从未存在过：Д.А.克列缅茨的绘图清楚地表现了给人留下的第一印象是野猪头。С.М.杜金、Д.А.斯米尔诺夫和我立刻了解了Д.А.克列缅茨的绘画，只有在全神贯注地仔细观察之后，我们才认出是野猪头。曾画过描摹图的格伦威德尔教授当然不会还犯这个错误，只要看一眼他画的优秀的描摹图和所附的照片（插图47），就足以理解，将野猪头看成公鸡头是多么容易。我们在这一细节上关注了较长时间，一方面是要消除对不存在的图案装饰主题的不正确认识，另一方面是要证明，即使是有经验的眼光也会在完全是新型的和意想不到的图案装饰主题的细节上犯错误。

非常遗憾，我们现在完全不能确定，在该窟的墙壁

插图47：吐峪沟麻扎，第38窟

---

[1] 格伦威德尔：《新疆古佛寺》，第317—332页。从第321页中可以看出，计数是从狭谷入口处的左边和右边开始进行的。
[2] 冯·勒柯克：《高昌——第一次普鲁士皇家考察队所得新疆吐鲁番古物图录》，第18页和图版74的照片。

上画过什么，因而我们也不知道野猪头与什么有关。我们只想指出，我们在龟兹克孜尔涅槃场景中的卧佛枕上发现了这种有野猪头的圆形装饰主题。我们不敢说，是否应该将此看作是涅槃传说那一部分的暗示，传说佛生病致死的原因是其食用了野猪肉。

河右岸的大寺院因其平面结构而特别令人感兴趣（图版XLVIII，有双层平面图的插图48、49），其平面图总体上与交河故城、高昌古城、胜金口狭谷及七康湖寺院的平面图相同，仅有一点区别，即寺院通常是纵向布局，而这里的寺院受地形条件限制（狭长的山阶地）是横向延伸，中央为主庙，两侧是僧舍和一些相应分布的较小寺庙及生活房间。

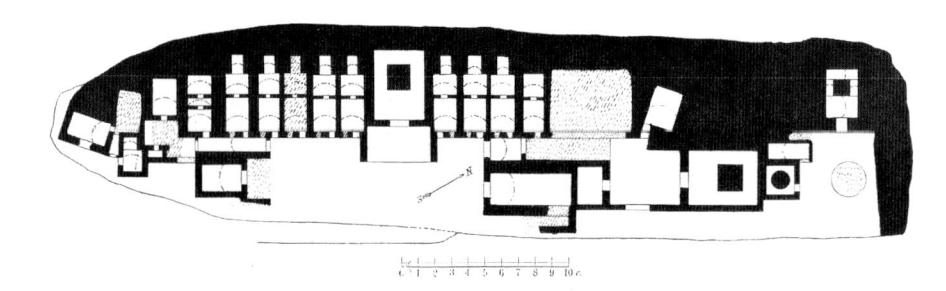

插图48：吐峪沟麻扎，右岸的寺院

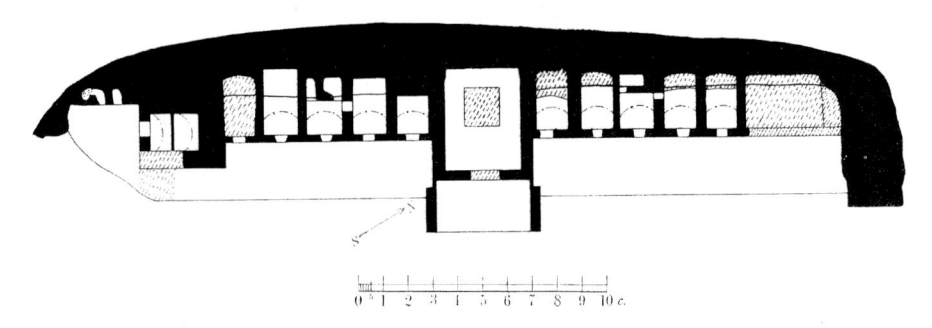

插图49：吐峪沟麻扎，右岸寺院，上层

毫无疑问，这个寺院的各个部分属于各个不同的时期或者说居住着不同民族的僧侣。后者不太可能，因为我们知道，在佛教寺院里同乡人总是想方设法居住在一起。壁画的某些部分具有古代特征，其他部分以及一些残存的塑像具有吐蕃特征。俄罗斯皇家科学院人类学与人种志学博物馆收藏有 H.H. 克罗特科夫从吐峪沟麻扎获得的物品，这些物品大概出自河右岸寺院的北部，格伦威德尔教授也曾在那里找到了属于佛教密宗祭祀仪式的东西。C.M. 杜金画了一些描摹图，我们在插图 50、51 中提供了两个图案装饰样本：第一个临摹自僧舍墙壁，第二个临摹自洞窟顶部。

插图 50：吐峪沟麻扎，河右岸的寺院。寺庙右边第三间僧舍（格伦威德尔的 b3）中的图案装饰

在图版 XLIX 上，我们展现了河左岸遗址的外貌。这里的一座寺庙建筑特别引人注目，它向我们展示了我们应该如何根据现在已失去屋顶的建筑想象出许多东西：这个寺庙的建筑与塔雷克布拉克的那个小庙完全一

插图 51：吐峪沟麻扎，狭谷的右边。第 7 窟，顶部

致，我们在插图 36 中展现过它。无论是在这里还是在那里，建筑物顶上都有一个最流行类型的支提。同样是在塔雷克布拉克，我们看到另一建筑物顶上有五个支提——中间一个大支提，四个小的位于侧旁，这是印度著名的摩诃菩提窣堵婆的类型，佛在那个地方悟道。

我们不得不惋惜，还是时间不足，对此我们已在前文抱怨过多次，不允许我们在吐峪沟麻扎这些特别有意义的洞窟停留很久。我们希望，能尽快绘制狭谷的总平面图，能拍摄更多的照片和描摹更多的图画，这样，我们才能为自己提供一份这个古老朝觐地的丰富考古成果的清晰报告。现在，伊斯兰教徒在这里早已代替了佛教徒。

十一、色尔克甫、连木沁峡谷

在色尔克甫（克列缅茨写作 Syrcheb "西尔切普"）村广场中央矗立着一座巨大的窣堵婆[1]（插图 52），与高昌古城的窣堵婆及阿斯塔纳的台藏塔有些相似。村里人及周围地区的人就简称之为"图拉（typa）"——塔，因为它在形状上确实像守望塔。令我们感兴趣的是，这个"图拉"怎么没有被毁坏。经多次询问我们弄清楚了，塔保存得很完整，一方面得益于对它的某种迷信态度，另一方面得益于一个汉人的工作。他们是这样告诉我们的：几年前，有一个叫帖木儿·尼亚孜·哈利别（Темюр-ниаз-халипе）[2]的人雇人拆毁了该塔的一个角，目的是往自己的田地里运

插图 52：色尔克甫的窣堵婆

---

[1] 克列缅茨：《圣彼得堡皇家科学院 1898 年吐鲁番探险考察通报：吐鲁番及其文物》，第 31—32 页和图版 I：西尔切普的窣堵婆（Stupa von Syrcheb）。尽管 Д.А. 克列缅茨拍摄了漂亮的照片，但如果我们仍要展示自己缩小的照片，目的只是为了展示窣堵婆在村中的位置。

[2] 最后一个名字大概是某个与我们"姓"的概念接近的东西。

送泥土。此后不久他就死了，人们在这件事上看到了某种不为人知的力量的惩罚。村中曾住着一个汉族老人，现在他也已去世了。这个汉族老人在"图拉"旁祈祷，在新年这天他拿一根末端有灯的大长竿，并把点亮了灯的竿子立在"图拉"上面。自这个老人之时起，人们就吓唬那些想从"图拉"取砖坯的孩子说，若取走砖坯，老人将迁怒他们。然而有时候砖坯会自己塌落：我们待在色尔克甫时，有一天夜里刮起了大风，砖坯从这个建筑的北面掉落下来。靠近"图拉"的住户担心，不知什么时候"图拉"会倒塌并压坏他们的房屋。

现在的窣堵婆共有七层，向上逐渐收窄，上面的四层（译者注：原文如此，但图中显示为五层）还保存了有坐佛像的龛，下面的两层只留下了里面曾有龛的痕迹。每层大概各有七个龛，因此每一面有49尊龛中塑像，即共有 $49 \times 4 = 196$ 尊塑像。如果往上仅有现在已消失的像高昌古城窣堵婆上层类型的一层，带有4尊塑像，那么共有200尊塑像。但这样复原窣堵婆完全是假设，因为我们还没有足够数量的类似建筑进行比较。各层看来是用平台分开的，平台的宽度现在无法确定，因为现在只保存了部分支撑平台的长方木。龛上方的装饰类似于我们在所谓的"壁炉"上所看见的装饰（请比较图版XXXVI），仅有一点差别，这里的这些带涡纹的马蹄形装饰从每侧依靠在四边形上，四边形被浮雕塑造的精致支提支撑着。这些细节在 Д.А. 克列缅茨的图版中也可以辨别出来。坐佛双肩遮盖，塑像上有红色颜料的痕迹（衣服？）。对窣堵婆的内部情况我们不完全了解，因为不仔细研究很难确定什么是最初的设施，什么是后来增添的。我们对窣堵婆的内部只能进行走马观花式的考察，因为不知什么原因，当地居民对我们的意图怀有敌意[1]。借助梯子，我们穿过一个洞口攀登进入里面，这个洞口朝向上面且可到达二层。里面有螺旋状拱形通道，我们不能确定这个通道是否是最初就建成的，或是后来在窣堵婆遭受某种破坏时建成的。里面靠南的位置有一大的空室，我们无法确定室中是否曾有过塑像，或者那里是否曾存放过书籍、尊像和其他一些礼拜物品。

---

[1] 这种情况令我们吃惊，何况我们在其他各地遇到的当地居民的态度都非常客气。

连木沁狭谷位于色尔克甫的西北部，在靠近该狭谷起点的地方有一些露天煤矿和陶器作坊。有人告诉我们，色尔克甫用陶器制品为整个吐鲁番地区服务，因为只有这里有合适的黏土。古老的陶瓷艺术引起了我们的兴趣，尽管在吐鲁番的遗址中其数量不是很大，我们仍希望就地了解现代的制陶工艺，但我们没有成功，由于煤炭不足，制陶匠都停工了，我们仅购买了几件未焙烧过的器皿样品[1]，一些器皿形状优美。在色尔克甫，我们见到了带有考究的褐色釉的器皿。沿狭谷向上有一条两轮大车可以通行的路，但需要经常过河。在约四俄里处发现了第一块岩石，上面有像是所有权标记的符号。离河左岸这块石头不远的地方，下游河水在山岩上击穿了一个洞，并沿着这个小隧道穿流而去。当地居民证实，这是"卡尔梅克人"凿通的洞。很快在第一块岩石后附近勉强看得出来一段残余墙壁，大概是古代的（很明显有人在这里试着挖掘过）。在河右岸一岬角上有一些保存得不好的遗址[2]，据当地人讲，这些遗址名叫卡尔马克乔卡（قالاق جوقا）[3]。后边紧接着一块岩石，上有佛传场景、一排排佛像和以汉语为主的铭文。很明显，在佛传场景上方曾有过木遮棚：尚保存了一些小长方木梁的插槽。对于这块石头，格伦威德尔教授进行过精彩而详细的描述，并配有照片[4]。我们拍摄了比例稍大的照片，在其上可以分辨出格伦威德尔教授所指出的一切。接着沿狭谷向上，看来无任何遗址了。不过，我们并未走到狭谷的北端。非常遗憾，我们没有考察格伦威德尔教授所提及的位于旁边狭谷的石窟，因为在当地没有打听到它们的存在。在短暂逗留的情况下，只能受制于当地的向导及其忠诚。

因为我们的同伴离开返回俄罗斯，也像色尔克甫一样，我独自考察了连木沁狭谷，至此结束了我们对吐鲁番地区古迹的考察工作。

---

[1] 根据俄罗斯中亚与东亚研究委员会的决议，这些物品以及我们所有的为数不多的民族学搜集品都转交给了俄罗斯沙皇亚历山大三世博物馆民族学部。
[2] 格伦威德尔《新疆古佛寺》第 317 页提到了它们。
[3] 鲍苏克·捷米罗维奇·霍霍说，"乔卡"有时候是指称山丘顶或者山顶。
[4] 格伦威德尔：《新疆古佛寺》，第 315—317 页，图 635、635a、635b。

第四章

库 车 地 区

在我的同伴 C.M. 杜金和 Д.А. 斯米尔诺夫离开后（他们于 11 月 15 日从哈拉和卓返回俄罗斯），就剩我一人。正如前文所说的，我考察了色尔克甫和连木沁，之后同我的翻译 Б.Т. 霍霍和伙夫扎哈利一起乘车前往库车绿洲。我沿着寻常的道路前往焉耆、库尔勒、布古尔（今轮台），并于 12 月 19 日到达库车。在详细报告中，我将报告这段旅程的某些情况，这里不作赘述，因为这段时间我没有找到或者购买任何特别的东西。

选择库车作为自己的常驻地之后，我住在了好客的商约哈尔-穆罕默德（Хал-мухаммед）的家中（他现在已经去世），我在库车地区开始了一系列旅行。在普鲁士和法国考察队的著作出版之前，我只能依据一些前辈所提供的资料开展工作。格伦威德尔教授向我通报了其所研究的壁画资料，M.M. 别列佐夫斯基和 H.M. 别列佐夫斯基与伯希和教授则给我提供了他们考察地点的情况。伯希和教授以罕见的热情给我提供了几份明屋的平面草图，它们对我极为有用。

在库车地区，我考察了许多有古代遗迹的地方，以便了解这些遗迹的保存状况，并弄明白要研究它们应该做什么以及如何做。我从明腾阿塔开始考察，接着转向东北部和东部的苏巴什、森姆塞木、克里什，然后前往西北部、西部和南部的克孜尔尕哈、克孜尔、库木吐喇、铁吉克、托乎拉克艾肯及达板库姆沙漠中的遗址。

库车绿洲的遗迹非常之多，令人惊异。在欧洲探险考察队和日本探险考察队到来之前，它们的保存状况也特别好。即使是走马观花的考察，你也会坚信这一点。原因很简单：现在很大一部分遗址远离有人居住的地方，只有专门的寻宝者才会挖掘这些遗址，但他们通常仅满足于在暴风雪之后前往被沙土埋住的地方，挑选那些被大风刮出的物品，有壁画及塑像碎块的石窟对于他们来说吸引力不大。但是，绝大部分石窟都有被试图切割壁画的明显痕迹——看来并非当地人所为。在库车要想切下壁画难度很大，因为这里的壁画下面通常只有一层很薄的黏土，然后则是极其不坚固的岩石，加上技术方法不完善，极易造成整排宝贵的壁画被毁坏和坠落成小碎片。这里，最大程度地呈现出对偏远地区进行科学研究考察缺乏组织的可悲状况，因距离遥远，探险考察队无法在相对短暂的时间内进行系统考察研究。尽快用古代文物和写本补充丰富博物馆和图书馆收藏的愿望，促使旅行者以简单的挖掘代替系统科学的发掘，甚至为了进度和省钱将大部分挖掘作业托付给当地人，研究人员也不进行应有的监督，并且从不绘制平面图，充其量也只是绘制草图。虽然现在很难估计这种科学灾难的规模，但当要着手对大量极宝贵的材料进行系统整理研究时，当对那些不久以前还很完整且清楚易懂的材料不得不进行猜测复原时，这种科学的灾难将毫无疑问地显现出来。

格伦威德尔教授和伯希和教授在库车地区持续工作了很长时间，前者在研究石窟壁画和寺庙壁画方面做了大量工作，而后者组织进行了几次大规模的发掘，且认真仔细地绘制了平面图。还有 M.M. 别列佐夫斯基和 H.M. 别列佐夫斯基，前者拍摄了许多优秀的照片并绘制了一些平面图，而后者则画了大量的壁画描摹图。最后是冯·勒柯克先生和巴图斯先生，他们致力于寻找写本和切割壁画。以上所有人都运走了大量的材料，但现在只有格伦威德尔教授在其优秀著作中对获得的材料进行了某种程度的研究整理，我们也多次引用过。在这样的情况下，在仅来得及仓促考察库车地区丰富的古迹之后，为了最全面地介绍我们所做的工作以及库车地区保存有古迹的那些地方，自然只能对我们的所见做最简要的报告，至于格伦威德尔教授说过的那些大明屋，或者根据我们所掌握的信息有其他人长期工作过的地方，我们则完全没有着重考察研究。

一、明腾阿塔

在库车周围及分布于库车地区的众多麻扎中，我们只提一个"明腾阿塔"——"千身父",因为M.M.别列佐夫斯基在这里进行过发掘。正如有人告诉我的,这一度让当地居民感到很不安:在挖出残存塑像——"佛像"后,他以事实向他们证明,穆斯林圣地所在之处从前曾是"卡尔梅克人的"(佛教的)圣地。我没有得到这个麻扎的墓志(тезкерэ),甚至没有弄清楚它是否存在,因此在这里我十分谨慎地转述我在当地听到的:在中国新疆,当地居民非常乐意为求知心切的外国人编造一些传说、故事和地名。因此,不在当地长期生活,也就无机会验证你反复询问所了解到的情况,你永远都不会知道你所记录下来的是否是当地真实的古老传说,或者你只能简单地转述为讨好"鸠里亚(тюря/тюре)"*所杜撰的神话。我认为,曾在中国新疆旅行过的人会证明我所说的。关于明腾阿塔(ابن منك),有人说,这里古时候牺牲了1000个伊斯兰教徒,异教徒砍下了他们的头颅,这些头颅被运到了阿克苏。为了证实这个传说,在阿克苏有人指示说,明巴什(Мин-баш)麻扎,其更寻常的名字叫库姆巴什(Кум-баш)。身体"腾(тен)"在库车,头颅"巴什(баш)"在阿克苏。这样,库车的麻扎是"尸身(джисет)"。笔者非常好奇地注意到,在阿克苏的一个穆斯林墓地有一个八面体的墓上拱北,与明腾阿塔的大"塔"非常相似。很显然,在阿克苏无人知道明巴什麻扎与明腾阿塔之间的关系。阿克苏的俄罗斯商约穆罕默德-艾敏告诉我们,在阿克苏的是明巴希麻扎(Мин-баши-мазар),它是某个战争蒙难者(шехид)明巴希(Мин-баши)的"尸身",其名字无人知晓。现在的麻扎建在原来的小山丘上,那里曾经建有窣堵婆、支提或者僧院,现在还可看到残存的墙壁。M.M.别列佐夫斯基拍摄了极好的全貌照片,我们绘制了平面草图。在我们标绘在平面图上的那部分以南的整个地段上,散布着一些窣堵婆和支提的遗迹,其中一些为立在四方形底座上的八面体。我们清理了其中一座窣堵婆,正如库车人巴巴耶夫告诉我们的,他根据M.M.别列佐夫斯基的指示挖掘过这座窣堵婆,出自那里的几件头像现在

---

* 俄罗斯中亚地区和中国新疆部分人对所有俄罗斯官员使用的称呼,就像在英属印度每个英国人被称为萨希卜(sahib——先生、大人)一样。在穆斯林中,只有先知穆罕默德的后裔才能拥有这个称号,其起源已在文献中得到证实。

还保存在皇家科学院人类学与人种志学博物馆。正如我们所确信的，巴巴耶夫在清理时完全是杂乱无章地挖掘。他还说，他挖出了一副裹在已完全腐烂的波斯地毯中的骨架，颈部有用珠子做的项链。骨架被敲碎，骨头散架了；骨架自北向南卧于墙壁旁；死尸无头，因为未找到颅骨。我们详细叙述巴巴耶夫所说的，是因为在验证时弄清楚了，这些信息并不准确。我们再一次证实，应谨慎地对待当地人所提供的信息，他们讲述这些故事的主要目的是他们对"鸠里亚"感兴趣和喜欢。这个殡葬显然是最晚期的，与支提没有任何关系。我们找到了散落各处的骨头，我们还找到了尸骨曾经有头颅的证据，因为我们挖出了下颌部分，有两颗保存很好的牙齿。很明显，巴巴耶夫在用自己的故事迎合关于被砍下的头颅的这个传说。

清理时，位于中间的塑像平台和墙壁上残存的壁画显露出来，图画粗糙，但色彩却异常鲜艳。我们还找到了彩绘黏土塑像的小碎块。在西北角北壁上，绘有红色的莲花，其上可以看见立像的双腿，在东北角还绘有人物形象痕迹，西壁上是画得不错的图的某个襞褶的下部。东壁上有壁画痕迹，据说曾在该壁旁找到了M.M. 别列佐夫斯基运回来的"佛像"。塑像台座曾以彩绘，现在只保存下来白色和红色的大型图案装饰痕迹。塑像碎块着色粗糙，但襞褶和饰物工艺不错，表明是菩萨形象。

塑像平台清理到地下，在 1.1 米的深处出现了卵石。最初，被砸碎的平台残存至地面，可见被打碎的土坯和土坯留下的土。地面下方是卵石和残存的旧平台或者墙壁。可见这里曾改建过。堆积物中有几块壁画，有一把小木铲，很显然是现代的，这样的物品现在被用于吃饭。塑像平台周围的地面几乎完全损坏。堆积物中有一些缠绕麦秸的小木棍和一些用芨芨草编织的绳段，显然是属于塑像的。在堆积物中还找到了石灰浆，与我们在另一建筑物墙壁上发现的一样。我们认为这个建筑是支提，它坐北向南。在前面的入口处，看来曾有过一个台阶或者某种斜坡，根据同其他建筑物的比较类推，最有可能是台阶。外面是否曾有平台现在很难说，但有可能曾有过，因为土坯砌体只开始自距地面 0.8

米高的地方。

尽管 M.M. 别列佐夫斯基在明腾阿塔的发掘行为使一些人习惯了一些，但仍有一些好奇的人在关注我们，很显然他们认为我们因破坏了圣地的宁静而应遭受惩罚，甚至有一个人说："麻扎，请显示自己的力量吧！"养马人努尔阿洪（Hyp-ахун）在测量时甚至不敢拿卷尺。但毕竟还是有一些人对我们表示了友好，特别是因为麻扎的伊斯兰教教长与我们的关系很好。我们通常就近掩埋挖出的人类尸骨，我们对待尸骨的态度也得到了正面评价。

明腾阿塔是库车男青年喜爱的游玩场所，特别是在夏天。库车人中有这个麻扎的热心崇拜者。明腾阿塔位于库车城东北部约 15 里处。道路经过比扎克梅哈拉（Биджак Мехалла，译者注："梅哈拉"维吾尔语意为"村"），那里有舍赫里鲁姆阿塔（Шехри-Рум-ата）麻扎，据说那里安葬了一位女性。

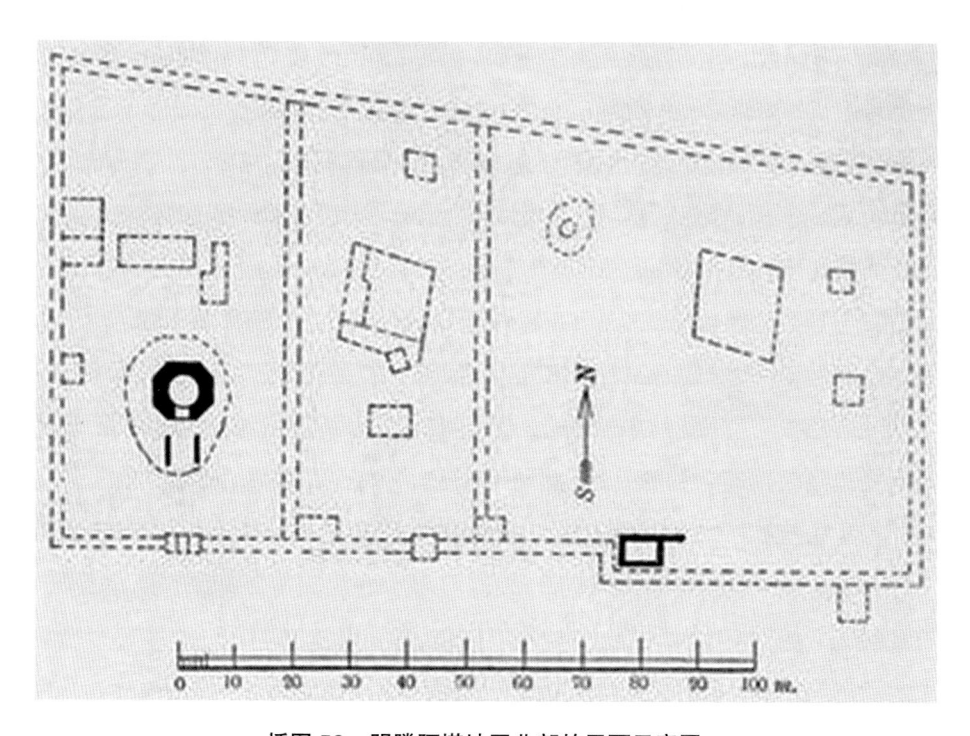

插图 53：明腾阿塔地区北部的平面示意图

根据在发掘中找到的塑像判断,明腾阿塔的古迹,它们的一部分,无论如何应该与高昌古城Z寺庙的古迹、吐鲁番以北塔雷克布拉克和萨西克布拉克狭谷的石窟、吐峪沟麻扎的某些古迹,以及内蒙古黑水城的古迹相近。这是古吐蕃艺术的遗存,或者是受到古吐蕃艺术直接影响的艺术遗存。在这种类型的许多遗存上发现的回鹘文题记,无疑与壁画是同一时期的,这种情况也许能够证明回鹘画师已经模仿着学会了吐蕃绘画笔法的风格,这种绘画笔法在某个时期和某些地区很流行。我们有证据证明,在古时候就已经对塑像和尊像各种类型的工艺进行了认真仔细的区分,正如我们知道的,即使是现在,佛教僧侣对尊像的这种或那种绘画笔法、塑像的这种或那种工艺有偏爱。在库车发现的被称为喇嘛教类型的物品作为吐蕃文化影响传播深远的标志,特别值得关注。

我们在明腾阿塔停留的时间较长,因为在我们之前的人目前尚未提及它,还因为,正如我们刚才试图证实的一点,这里的发掘可能会获得查明吐蕃影响在中国新疆传播范围的有意义的材料。

放在这里的平面示意图不包括残存的窣堵婆和麻扎以南的其他建筑,而仅仅是过去某个时期被围墙或土墙隔开的区域。至于在这些残存的建筑物中什么是新的、什么是古老的,不进行认真仔细的研究是无法评说的。毫无疑问,只有麻扎的增高部分是新的,而窣堵婆则是古老的。

二、苏 巴 什

在库车东北部的苏巴什地区,有一条河从山中流出,在河的两边分布着两座大寺院的遗址,它们大概与玄奘所描述的寺院相符:"荒城北四十余里,接山阿,隔一河水,有二伽蓝,同名照怙厘,而东西随称。"[1]

---

[1] 玄奘著,儒莲译:《大唐西域记》卷Ⅰ,巴黎,1857年,第5—6页。

从库车通往苏巴什的道路如下：在越过河之后，经科克拱北后沿科克拱北梅哈拉（Кок-гумбез-мехалла）方向前行。这是以前库车王的两座拱北，以青绿色的瓦为顶，显然其名称来源于此。拱北已严重坍塌。在西南部，有一古老的塔喀喇墩（Кара-дун）。在离城约两俄里处，在道路右边，在一座像是人工堆成的高岗上立着一座严重坍塌的"塔"，名字叫米尔扎喀喇巴什（Мирза-кара-баш）。从塔上可以看见四周美丽的景色，它很像一些众所周知的名叫"墩"的大守望塔。塔是用黏土夯筑的，黏土一部分是淡红色的，一部分是淡黄色的。接着，道路沿希赫拉（谢赫勒）梅哈拉（Шихла/Шейхлер мехалла）向前伸延，其名称来自两座麻扎：尼扎姆·阿尔丁（Низам-ед-дин）和杰赫列维（Дехлеви）。这里离城约3俄里的地方有一个巨大的希赫拉塔（Шихла-тура），无疑是古窣堵婆，现在已很大程度失去了原先的形状，因为经常有人从这里往田地里运送泥土：据说这始于阿古柏之乱时期，因为从前当地汉族人禁止破坏这样的古建筑。在离城约7俄里处，到达果园、树木、田野的尽头，再远就是一片裸露的干沟，道路沿干沟继续向前延伸约10俄里。在道路以北，在苏巴什以西可以看见宏大的遗址，名叫博伊拉奇（Бойрачи），显然来自附近小村庄的名字。我们匆匆考察了这些遗址。这里大概曾有一座窣堵婆和一些建筑物。走近山，从远处就会看到苏巴什的两座大寺院：西寺院和东寺院，分别位于河的两岸。М.М. 别列佐夫斯基拍摄了该地区漂亮的全貌照片，照片上河右岸的西寺院建筑物看得特别清晰。在狭谷入口处的东南部平原上有一个叫阿雷克阿拉西（Арык-араси）的村庄，接着，在狭谷中寺院以北还有一个村庄。

在察看完明屋后，我可以确信，这里曾进行过有计划的挖掘。是伯希和教授发掘的，他的探险考察队也绘制了平面图。现在，所有专家都饶有兴趣地期待着它们的公布。М.М. 别列佐夫斯基也进行了一些发掘。当然，在上面所讲的工作结果公布之前，我们不能谈论这些明屋，因为我们只是仓促地察看了它们。对这些明屋无疑还有不少研究工作要做，还要进行大量的发掘，尽管如此，仍要严格落实伯希和教授和别列佐夫斯基采取过的所有预防措施，因为只是一味挖掘寻找有价值的物品而不绘制必要的平面图，在这里只能坏事。西明屋原创性石窟有龛柱和大量龟兹语粗刻，令人惊讶。我有点未弄明白这些石窟的用途，它们值得认真仔细地发掘。这项工作很不轻松，因为常常要在布满各种各样的堆积物中进行发掘。令人惊讶的是巨大的窣堵婆和墙壁，这里的许多情况很像锡克沁，但显然规模更宏大。M.M.别列佐夫斯基在西明屋发掘出的支提令人很感兴趣：支提呈四方形，内为另一种圆形。我们还发现了有绿釉的方砖碎块、器皿碎片，部分有图案装饰。在东明屋，从远处就可看见一堵奇异的长墙，墙壁上有塑像龛。该墙壁曾被改建，因为可以看见残存的抹有灰泥层且刷有白灰的古墙和一些古龛的痕迹。在东明屋，我们发现了唯一一座发掘了一半的洞窟，但已遭到严重破坏，大概是伊斯兰教教徒造成的。尚可辨别出，后壁上曾有彩绘浮塑的"山"景图案装饰，沿各壁有彩绘坐佛，壁画好像很古老，有侧龛。这里还需要再行发掘。苏巴什的土坯砌体引人注目，很像某些犍陀罗建筑物的石砌体：黏土和卵石的间层很厚，土坯好像是被准确地添加到卵石体的规则间隔中。在西明屋围墙内的大窣堵婆旁的下面，也就是说在一定的高度上，因为未挖掘到地面，可以看见密实的层层大卵石，它们均是经过精心挑选的。从一点也可看出建筑物的宏大规模及其久远的年代，如在东明屋，在其围墙内的窣堵婆周围进行了大量清理工作，发现距地面还有大约2—3俄尺的冲积土。总之，在这里进行系统的发掘应该会获得建筑艺术方面的重要成果，还可找到有价值的东西，甚至写本，不过后者的可能性极小，因为毫无疑问水在这里造成了许多损害。

  关于穆斯林的麻扎，我们也要说几句，因为在我们看来，这里隐藏有对神或河神或水神的某种古老的地方崇拜的遗迹。这类崇拜遗迹好像在其他地方也有，非常希望有人能够专门关注这个"活生生的古老习俗"。麻扎位于山上，在东明屋北部，在河左岸，名叫库尔班阿塔（Курбан-ата），其哈尼卡赫（ханеках，礼拜殿）在河右岸的一个村庄里。村长叫哈萨尔（Хасал，"铜"之意）。经多方询问弄清楚了，无论是他还是他的父亲，他们过去不知道，且现在也不知道这个葬在这里的库尔班阿塔本人是谁。库尔班阿塔在整个周围地区很受尊重，因为他能够对河水和灌溉渠水的分配施加影响，而水在这里决定粮食产量。每年的5月15日[1]，周围所有村庄的人们聚集在一起，还有人从城里赶来。夜里，大家一起在哈尼卡赫附近度过，然后举行隆重的午餐。从前，人们非常虔诚地赶来牲畜，通常会指定什么样的牲畜（取决于灌溉渠的大小，作为献牲的有：公牛、公绵羊、公山羊），一般总共需6头有角牲畜和约20只小的牲畜。地方官（汉族县长）送来一头公牛和300斤大米，村长则送来3只公绵羊。现在的仪式上，人们则总想要么什么都不带，要么送来不好的牲口。希赫尔村的村长（来自希赫尔）宰杀牲畜，把肉分派给水官。赌徒（кумар-баз）和妓女（джелаб，行为举止轻佻的女性）也来参加节日，人们在这里大行其道。当地有一种习俗，将帽子扔向空中并交换帽子，通常男性同男性交换，女性同女性交换。据说，有时候也交换袷袢（长外衣）。我们特别关注这个地方节日，是因为我们觉得记录当地的所有传说和习俗很重要，它们也有可能对我们研究古代材料有所帮助，因为没有什么比当地的祭祀仪式和习俗更持久的。比如在库木吐喇，那里像苏巴什一样，在河边也有一座非常受人尊敬的麻扎叫苏丹阿克阿塔（Султан-ак-ата）。总之，当水很多或很少时，特别是在春天人们聚集到这个麻扎举行朝拜仪式。库木吐喇的伊玛目甚至不能告诉我们，这个苏丹阿克阿塔是谁；然而这个麻扎仍很受人尊重。我们相信，仔细研究麻扎及其传说将会获得宗教感受和其他体会方面的许多有趣材料。在现在天花娘娘（Чичек-анам）"我的天花母亲"宗教仪式上也许还保留着一些古老宗教信仰的痕迹。其麻扎位于库车东南部的乌奇阿桑梅哈拉（Уч-асан-мехалла）。据哈密人 Б.Т. 霍霍所说，天花神共有七个，这七姊妹被统称为天花阿加奇列尔（Чичек агачилер）；我们记录了其中的四个名字：捷尔梅捷尔肯（Терме-теркен）、克尔玛捷尔肯（Кырма-теркен）、库特卢克穆巴列克（Кутлук-мубарек）、昆吉捷尔肯（Кунджи-теркен）。

---

[1] 一个库车人告诉我们，各个时期都有节日，即使杏树（一种小杏树）上的小果实刚一冒头也有节日。

三、森木塞姆[1]

当地人以此命名一个不大的狭谷——有泉水和小溪的谷地，它位于克里什（Криш）村西北部约 7 俄里处。格伦威德尔教授和 A. 冯·勒柯克博士根据位于大山以南的村名称该地为克里什。

当沿着狭谷进入低矮的山前地带（无人能告诉我这些山的名字），很快就展现出一个覆盖大量盐土的谷地"森木塞姆艾肯（Сымсынный-акыне）"，森木塞姆河沿谷地流淌。这里生长着茂密的青草，显然也放牧着羊。我们能略微区分清楚主谷地及其毗邻狭谷里的众多石窟，主要得益于 Н.М. 别列佐夫斯基善意地交给我们使用的简要却很珍贵的总平面图。石窟共近 50 个，我们清点出 48 个，但我们不能保证没有漏掉某些被填埋或者几乎被填埋的石窟。在类似森木塞姆、库木吐喇、克孜尔这样的地区，为准确标注某些石窟的位置，对整个地区进行认真仔细的大比例尺测量测绘工作是十分需要的。

一条驴行小道穿过狭谷和谷地，驴从崇山峻岭间的狭谷之中向北往克里什村运送燃料。谷地周围是一些不高的山丘，沿谷地分布着一些石窟，它们

插图 54：森木塞姆，窟顶部的壁画

---

[1] 无人能为我解释森木塞姆（Сым-сым）这个词。我的翻译 Б.Т. 霍霍告诉我，"森木塞姆洋古尔（сым-сым ямгур）"是在说细雨。他还指给我看歌词，但他也不能准确地解释歌词的头两句诗词。我按照最原始的音译法写出这首诗歌（无译文的开头）：

Сым-сым алла сым-сым алла	……
Сым-сым койнемда	……在我的怀里
Кылче гунах болса менде	如果即使我（面临）有一丁点罪
Кылиш бойнемда	那么请将宝剑架到我的脖颈上

还分布在一些延伸到谷地的狭谷之中，其中一些狭谷称为裂罅更准确些。在谷地中部，在山丘与小河之间有一排残存的建筑物，现在几乎已不成形，当地人称其中一座不高的山丘为"塔"。这里是否曾有过塔（常常表示窣堵婆），不能肯定，但很可能曾有过。在这里，发现了很多陶片，有带纹饰的，也有带绿釉的，这种绿釉大概在整个库车地区都有，我们甚至还发现了一块有婆罗谜文字母的陶片。在小河边，大约在谷地的中部有一个泉源，但泉水至少在冬季很咸，很难喝。总之，整个谷地有深厚的沉积盐层。我们拍了很多照片，绘制了一些石窟的平面示意图，从一些毁坏特别严重的石窟中锯下了一些壁画样本。现在，我们援引格伦威德尔教授的著作及其插图[1]，而我们将在出版 M.M. 别列佐夫斯基的考察成果时提供自己的记录，我们希望能出版。在这里，我们展示 H.M. 别列佐夫斯基从其中一个洞窟券顶上临摹的一幅画作为森木塞姆壁画中写实主义写生画的样本，其中描绘了两只绿色的鹦鹉。

四、克里什

这个地方有数量不少的古代佛教遗址，M.M. 别列佐夫斯基、H.M. 别列佐夫斯基和 A. 冯·勒柯克博士称其为阿奇克-伊列克（Ачик-иляк，"苦的沼泽地"）[2]，但我们没有听说过用于遗址的这个名称，我们仍以位于其附近的村名来命名该遗址。正如关于森木塞姆的上述记录中所指出的，格伦威德尔教授和冯·勒柯克博士将克里什的名称用于森木塞姆。

从苏巴什通向克里什村南部明屋的道路先越过苏巴什旁边的河流，然后经过阿雷克阿拉西村，穿过田野和干沟，然后再沿叶谢巴什（Есе-баш）村的田地，从有一个很大果园的房屋旁边通过。道路几乎一直与山平行，然后大约直对克里什向南

---

[1] 格伦威德尔：《新疆古佛寺》，第 181—191 页。
[2] 冯·勒柯克：《阿奇克伊列克》（Atschyk Iläk）。我们认为，冯·勒柯克博士指的正是这些遗址，我们仍然不完全理解其对地点的说明。这里，再一次痛苦地感到缺乏可靠的地图。

拐向小山丘，部分山丘位于明屋所在地，被称为索列利克塔吉（Сорелик-таги，正如有人为我们解释的，"索列"意指房屋旁从上面覆盖着的位于木桩上的空间）。道路沿舍伊德拉（Шеидла）村边缘向前伸延，那里好像有一残存的古城。一个当地人，说实话这是一个特别爱说谎的人，他告诉我们说，在耕作田地时发现了装有骨头的器皿；保存下来一些规模不大的残余建筑物。这个当地人说服我们，他在这个地方挖掘过，并且找到了人物和野兽的黏土小塑像。道路通向阿奇克伊列克的南部，这个地方紧靠着由砾岩和黄土构成的低矮山丘。很快就遇到一座不大的支提，M.M. 别列佐夫斯基曾拍过照并挖掘过它，我们发现它时还是照片上的样子。从苏巴什至该支提约 40 里（17—18 俄里）。稍向东，山丘中始有石窟，其分布很像锡克沁的石窟。要计算它们的数量特别困难，因为许多石窟已塌陷或者被掩埋，不认真仔细地检查整个山丘地带，是不能保证不遗漏石窟的。因此，迫切需要对该地进行测量测绘并进行发掘，但很难指望有所发现，因为大部分石窟都被掩埋住了。其中一个石窟还保存了很多壁画，大概是后来复原成那样的。

　　直对入口处可见一龛，它位于凿刻的石柱前面。龛中曾有一尊坐像，现在除了两个洞外，塑像未保留下一点痕迹，很明显洞中曾插入安装塑像的小木桩。头光彩绘，呈火焰纹状，有小坐佛。两侧是"同伴"的彩绘塑像。龛位于拱形前室的深处，龛两侧是进入围绕石柱的内甬道的入口。在这些入口的对面，石窟主入口的两侧有两个龛。其中也曾各有一尊坐像，龛的侧面曾绘以图案装饰。两侧壁上的壁画，绘有高大的立佛像，有火焰纹头光，头光中有小立佛像，周围是胁侍弟子。彩绘顶是龟兹通常可见的类型：山景中的本生故事和譬喻故事，中间是有各种不同形象的蓝色条纹，其中一个形象在马车上。在内甬道的墙壁上有一排立佛（可能是誓愿图）；其下方是一图案装饰条纹，现在位于堆积物下面，已看不见了。佛像以 3 + 6 + 3 的组合形式分布在墙壁上，总计 12 身。其上是图案装饰条纹，之后在被图案装饰条纹分隔开的顶部两侧，大概是本生故事的场景。至少在入口左壁的起始处是兔本生故事（Cacajataka）：一人双腿下垂坐着，在他面前的火焰中有一只蓝色的兔子。在石柱后壁上是魔罗攻击佛的场景：中间是一身坐佛，其右边有恶魔，其中上面的一个好像在投掷岩石；左边，在佛的下方，魔罗戴着奢华的头饰，有头光，他想从剑鞘内抽出长剑。在他们的上方是一个有狮头或者虎头的恶魔。所有这一切都严重毁坏，并且在柱后黑暗的室内也不易辨认。在左边（如果从甬道内看）甬道中的柱壁上是一身有胁侍弟子的坐佛，右边的由于保存得不好，更主要是因为光线不足，我们几乎什么都没辨别出来。如果有光照和足够的时间，也许能完全弄明白构图中的尊像。这一本生故事着色鲜艳，画艺精美，大量的蓝色色调引人注目。抹在壁画之下的黏土是淡红色的。

主石窟群的洞窟沿小宽谷的垂直面分布，在离主石窟群半俄里的地方还有4个洞窟，几乎已完全毁坏，因此从路上看不见它们，其附近有残存的某个建筑物。在这些洞窟的上方，有另一个建筑物的部分墙壁，从路上就可以看见这个建筑物。在明屋附近，有卡拉苏河流过，这也是当地人有时称呼明屋为卡拉苏的原因。

从这向西北走，会经过一个小谷地阿奇克伊列克，整个谷地几乎全被沼泽地覆盖，谷地到处流淌着清澈湍急的小溪。穿过沼泽地后，道路沿泽间小径前行，此后有一磨坊，从那开始上坡可很快到达克里什村。在阿奇克伊列克附近有残存的大型建筑和两座倒塌的穆斯林拱北，其中一座为两层。克里什是个大村子，呈带状沿山蜿蜒曲折。毫无疑问，我们希望哪怕是清理几个石窟也好，并对这个地方进行测量测绘。

五、克孜尔尕哈

去克孜尔尕哈的道路沿大路通向阿克苏。沿着很好的大路前行，大路两边围着大村子，经过一块墓地、一个士兵操练场和一个接官厅，行程约5俄里。当走到郊区居民点的尽头，大路沿干沟延伸，右边有一干涸的大河。远处，路左边可见形状奇特的又高又细的烽燧。要去明屋，应该向右转弯。明屋位于城北约7—8俄里处，在已被暴雨严重冲蚀并还在被冲蚀的山丘中，处于向克孜尔延伸的山脉前面。大部分石窟的位置很集中，但个别石窟极度分散于山丘之中及一些小狭谷中。Н.М.别列佐夫斯基提供给我们使用的平面示意图对我们帮助很大。极难准确确定这些石窟的数量，不进行地形测量也很难相信会找到所有的石窟，特别是许多石窟几乎完全坍塌或者完全被填埋。我们找到了50多个石窟。

石窟毁坏得非常严重，有些地方的壁画仅剩极少的痕迹。明屋靠近河岸，据说年轻人常常在节日将这里当作游玩嬉戏的地方，而他们一点也不爱惜这个偶像崇拜圣地。

这些石窟给人产生的第一印象就是，它们很古老。中国内地对这里的绘画艺术的影响痕迹不是很明显。从构图来看，山景中的佛、大般涅槃、荼毗、本生、因缘、支提中的佛、骷髅等，都与古代库车、锡克沁和吐峪沟麻扎的主题有内在联系。还曾有很多龟兹语（甲种）的题记，但现在只剩下个别字符[1]。要弄清楚分散在小狭谷和裂罅中的古代遗址就必须要有平面图，在绘制完地区平面图后，尽管这些石窟分布得到处都是，但在认真研究的情况下可为我们提供非常多的信息来理解库车地区的绘画艺术。

六、克孜尔

关于这个引人注目的石窟群，我几乎没什么可说的，因为A.格伦威德尔教授在其著作中多处描述过它。我们已经找到了那些几乎完全分散于各处且在很大程度上失去了壁画的石窟。现在，正如我们所听说的，冯·勒柯克博士和巴图斯先生再次来到克孜尔并又运走了石窟的部分壁画，因此在这些材料公布之前通报我们的简要记录是无益的。我们在克孜尔只能停留几天，主要是了解石窟及其构图特征、风格等，以便有机会独立地评论这些丰富的材料。正如我们所知道的，这些丰富的材料已在欧洲，几乎罕见地主要在柏林，其次在M.M.别列佐夫斯基拍的优秀照片中和H.M.别列佐夫斯基的临摹画中。因此，我们仅拍了几张照片，它们可以补充格伦威德尔教授著作的正文和插图。

---

[1] 在题刻中，我们发现了我们不认识的同胞的亲笔签名："谢苗诺夫，1899。"

在图版 LIII 中放了一张石窟壁画的照片，格伦威德尔教授根据峭壁上开凿的通向洞窟的石阶梯称该窟为"阶梯窟"。图版中的场景与格伦威德尔教授的第 13、14、15 和 33、34、35 号佛传故事对应[1]。这些佛传场景的绘画非常接近古印度的小型精细画，而且最有可能是后犍陀罗时期印度绘画的代表作。其上的图案装饰条纹，可作为格伦威德尔教授描述的补充[2]。应该指出，这个主题也与另一石窟（鸽子衔环窟，图 259）中的装饰图案很相似。

H.M. 别列佐夫斯基从克孜尔临摹的图画，我们也公布在这里（插图 55、56），可与格伦威德尔教授的双头四腿金翅鸟图（图 107）及库木吐喇单头金翅鸟图（图 70）[3] 进行对照比较。

插图 55：克孜尔，彩绘顶部中间的壁画：衔着蛇的双头金翅鸟　　插图 56：克孜尔，彩绘顶部中间的壁画：衔着蛇的金翅鸟

---

[1] 格伦威德尔：《新疆古佛寺》，第 118—119 页。
[2] 格伦威德尔：《新疆古佛寺》，第 118 页。
[3] 格伦威德尔：《新疆古佛寺》，"佩剑者窟"，第 35、54 页。

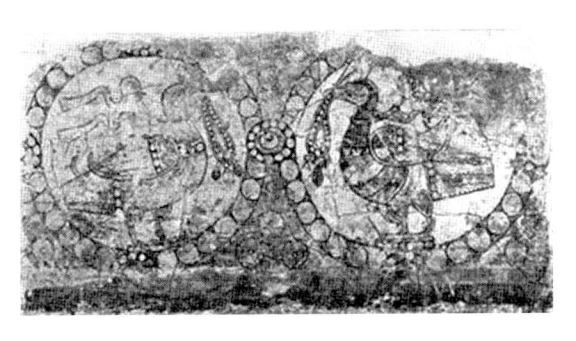

М.М. 别列佐夫斯基成功地将部分有圆形框饰的最令人好奇的缘饰运回了圣彼得堡，这些圆框内有喙衔用宝石和珍珠编成的花环的大雁。这里我们给出原始照片，作为对格伦威德尔教授十分出色的图画的补充[1]（图 57）。

插图 57：克孜尔，"鸽子衔环窟"，大雁衔环缘饰

在我们从库车运回的为数不多但尽可能多种多样的壁画样本中，也有一个恶魔的头，来自魔罗攻击佛的场景。这个头画得非常富有表现力，我们也展示在这里（插图 58）[2]。最后，我们再加上一幅大概是引自某个传说的壁画样本：支提内显然躺着一位殡葬的女性[3]，一男孩正在吸吮着她的乳房（插图 59）。这幅图是 H.M. 别

插图 58：克孜尔，"恶魔窟"，附 C，壁画样本

插图 59：克孜尔，壁画样本

---

[1] 格伦威德尔：《新疆古佛寺》，第 79 页，图 172。
[2] 格伦威德尔：《新疆古佛寺》，图 311，"恶魔窟"，附 C。
[3] 女性的躯体是深棕色的，仅男孩吸吮着的左乳房是肉色的。艺术家显然想以此表现其中一只乳房还活着，而同时身体的其他部分则是死尸。

列佐夫斯基从原图临摹来的。在谈论锡克沁的雕塑艺术时，我们提到释迦的"骑士"形象，他们既有塑像，也有写生画像。M.M. 别列佐夫斯基从克孜尔运回了许多这样的塑像，它们是如此典型，因此我们在这里引用其中三尊的照片（插图60、61、62）。通过这些雕塑像与这些人物写生画像的比较，可以看到他们是多么地近似[1]。

插图60：克孜尔，释迦"骑士"塑像

插图61：克孜尔，释迦"骑士"塑像

插图62：克孜尔，释迦"骑士"塑像

七、库木吐喇

规模庞大的明屋位于木扎特河左岸及毗邻的峡谷中，格伦威德尔教授对其进行过认真仔细的考察研究，别列佐夫斯基兄弟也在这里工作过，M.M. 别列佐夫斯基拍了大量出色的照片，H.M. 别列佐夫斯基以惊人的准确度描摹了一些壁画。冯·勒柯克博士和巴图斯先生大概也在这里挖掘过，并揭取了壁画，关于他们的工

---

[1] 格伦威德尔：《新疆古佛寺》，图90、117、356。

作情况，我们一无所知。

在木扎特河流向平原的出口处附近，位于群山前的遗址名叫杜勒都尔－阿胡尔[1]，关于该遗址我们不准备谈论什么，因为伯希和教授的法国探险考察队很精心地发掘过。伯希和教授绘制了这些遗址的详细平面图，M.M.别列佐夫斯基也绘制过平面图。

库木吐喇明屋特别令人好奇的是，这里的石窟壁画中汇集了各种不同的绘画风格。

在格伦威德尔教授目前已公布的图中没有找到河边一个石窟彩绘顶部的照片，我们在这里给出这个彩绘顶的局部照片（插图63），因为其上画有多头佛的形象，并且这些佛头排列得像箭镞一样错落有致。这种多头形象的造像方法常常应用于日本的圣像画术和雕塑艺术，但从未出现于吐蕃造像艺术中，大概在中国新疆尚未发现这种绘画方法[2]，从风格上来讲这种方法特别令人好奇。在插图64上公布的彩色图案装饰是H.M.别列佐夫斯基从他在库木吐喇找到的碎块上用颜料临摹下来的。中间的条纹为淡紫色的，上面的条纹和下面的鳞状条纹则是橄榄色的，在鳞状图案装饰上方的细条纹是浅

插图63：库木吐喇，洞窟彩绘顶局部

插图64：库木吐喇，H.M.别列佐夫斯基在碎片中找到的一块图案装饰

---

[1] 在中国新疆有不少叫这个名字的遗址和地方，那里许多地方不知为什么都与关于阿里（Али）、其神马和比比·法蒂玛（Биби Фатим）的传说有关。
[2] 据我们所知，在壁画上没有找到，但在绢画圣像上有，参见冯·勒柯克：《高昌——第一次普鲁士皇家考察队所得新疆吐鲁番古物图录》，图版45c"观世音菩萨"。

灰色的，主图案装饰———一个是淡紫色的涡卷纹，另一个是橄榄色的涡卷纹。

我们计划对 H.M. 别列佐夫斯基画得非常出色的临摹图和素描图以及 M.M. 别列佐夫斯基拍的照片进行描述，并将其中的一部分同我们记录一起出版，但这一切只有在格伦威德尔教授正在准备出版的画册问世之后，在冯·勒柯克博士和巴图斯先生1913年的探险考察成果公之于众之后才能进行。

八、铁吉克与托乎拉克艾肯

这两个地方相互离得很近，格伦威德尔教授显然没有考察过，至于冯·勒柯克博士是否到过那里，我们不知道。M.M. 别列佐夫斯基和 H.M. 别列佐夫斯基在这里工作过。M.M. 别列佐夫斯基使用的名字是铁吉特（Таджит），而我们只听说过铁吉克（Таджик）。

铁吉克位于距耶克舍姆别巴扎（Іекшембе-базар）35—40俄里（90—100里）的群山旁，托乎拉克艾肯在其以西5俄里处，从铁吉克前往托乎拉克艾肯的道路沿山而行。这条道路现在被认为是通向阿克苏的"盗贼"之路，据说从前有一条"北京"大路通过这里，即大道，这条道路据说只是在汗和卓起义之后被废弃了。这里大概确实有盗贼光顾，因为在耶克舍姆别有人强制我们雇佣一些护卫，以免夜里我们的马被偷走，总之以免被盗。但公道地说，在我们待在铁吉克时，这些护卫就像我们的其他向导一样睡得非常死，但终究我们没什么东西被偷走。

关于麻扎，其中一个护卫讲述如下：不久前，有几个人来到这里，而且其中一个是猎人，他朝落在小山丘上的乌鸦放了一枪，子弹打中了小山丘，猎人就去挖子弹，与此同时他意外地发现了被抹上灰泥的黏土。他们就从东面开始挖，找到了一些骨头、胡须，并挖出一具尸体，尸骨上甚至还有肉；死者身上有两件长外衣和一条腰带，就像萨尔特人（旧俄对乌兹别克人的蔑称）穿戴的一样，衣料像罗布泊的一样用野生亚麻制成，手刚一触及就破碎了。他们确定，这是一个蒙难的圣人，并安葬了他。正如已说过的，这是汗和卓的麻扎。护卫讲述了以下关于汗和卓及其麻扎的一口井的传说。

汗和卓曾来到这里，他有一个索佩（cone，学生、弟子）是铁吉克人[1]。汗和卓对他说："你挖地吧，直到找到水为止。你一看到水，就到我这来，不要回头看。"索佩按导师的话做了，但后来开始回头看。他来到汗和卓跟前，汗和卓就说："你看到了吧，你不听我的话，因此这里将只有一口井（库杜克）。要是你不回头看，水就会在你身后涌出并会流淌成河。"因此，这里只有一口井。井中的水还不错，不咸，但水量少。

在麻扎后面靠近山的地方，有残存的建筑物和石窟。需要进行发掘以确定遗址的平面结构。

在托乎拉克艾肯，M.M.别列佐夫斯基拍了照片；在损坏严重的石窟中，有些地方仍然还可以弄清楚其构图。这里有库车通常类型的场景：大般涅槃、荼毗、本生故事。作为写实主义绘画的范例，我们给出 H.M. 别列佐夫斯基临摹自窟顶的一只公山羊画像：公山羊的身体是蓝灰色，而底色是棕红。

插图 65：托乎拉克艾肯，洞窟彩绘顶的壁画

必须绘制此地的平面图，因为这里的石窟和残存的建筑物散布于各个狭谷和裂罅中，没有平面图很难弄清楚它们的位置。

九、达坂库姆沙漠中的古城

由于缺水，冬季还缺乏燃料，在被达坂库姆这个名称联结在一起的地区旅

---

[1] 可能与地名有关，故作补充。

行是极其困难的。不过要克服这些困难还是比较容易的。达坂库姆及位于那里的遗址、"古城"（科涅—沙尔），正如当地居民称呼它们的，其图景特别与众不同：被废弃的灌溉沟渠、建筑物遗迹、布满地面的大量陶片、稍微一挖沙子就能找到的各种各样的小物件，这些给我们留下的印象难以忘怀：会让人感受到这里从前热火朝天的生活，而现在代之以死一般的沉寂，只是因为我们目前尚不知晓的原因，这里的水干涸了。库车以南及西南部大量人口密集的村庄证明这里的生活有多么红火，这些村庄的土地几乎全都与达坂库姆接壤。人类能征服覆盖着沙子的地带到什么程度，或者相反这些沙子能推进到什么程度，当然只有进行专门的研究才能解决这个问题。在达坂库姆进行考察工作特别困难，不是因为这里没有水和住所，而首先是因为在这里进行测量测绘极困难，且效率不高：沙尘暴时常在这里肆虐横行，经常完全改变地形地貌，使昨天还被遮盖的东西裸露出来，或掩埋原先裸露着的东西。在沙丘上进行发掘也存在很大的困难。当然，对达坂库姆进行考察可能会在寻找物品方面偶尔获得一些结果：在风暴过后，寻宝人"伊斯塔克奇（istakchi，维吾尔语）"常会动身去寻宝，并常说找到各种各样的物品，然后在集市上出售它们，他们大概也找到了金质物品。然而，关于达坂库姆的宝藏及其古城的传说和故事流传如此之多，以至于不得不特别小心谨慎地对待它们，特别是知道当地有些人喜好夸大其词和杜撰编造时。

1910年1月12日，我们从库木吐喇出发沿大路前往沙漠地区，气温为零下10度，但木扎特河上有些地方的冰已开始融化。我们不得不非常小心地前行，因为木扎特河尽管总的来说很浅，但有些地方还是很深，而且其水流也非常急，因此掉落冰窟可能会很危险。河后面是阿克亚尔（Ак-яр）肯特（кент，或者梅哈拉：这两个术语用于这里几乎没有差别），它一直延伸到其后的科什阿雷克（Кош-арык）之地。这个地区主要是沙地、沼泽地以及耕地。接着是塔格阿雷克（Таг-арык），从那开始几乎全是耕地。这个地方在地图上通常标以白点或者沙漠，但它却是这个地区人口最密集、耕地最优良的地方之一。道路以北，在靠近山的地方有一座不久前被洪水冲毁的[1]伊布拉希姆阿德赫姆布祖尔瓦尔（Ибрахим-адхем-бузурвар/бузург-вар）麻扎，我们记录了该麻扎的传说。塔格阿雷克之后是托帕舍尔（Топа-шер）。距道路不远是托帕舍尔古城。这里到处杂草丛生，并覆盖着盐土。"古城"的形状很奇怪，几乎为圆形，东端有某个小丘。在从北、南和西面围绕"古城"的土墙内有通道，其中西面的土墙无疑是新修的，在城墙截面上的有些地方可以看见烧焦的泥土，还会发现一些红色焙烧器皿的陶片，掺杂有大量的卵石。在南部入口旁有个类似塔的东西——凸起的土丘。接着，我们走过田野，并经过了一个很大的村子舍姆别巴扎（Шембе-базар），约有3000位居民。舍姆别巴扎距耶克舍姆别巴扎（有近4000位居民）约10里，我们打算在耶克舍姆别巴扎寻找向导并储备前往沙漠地区的燃料和物资。

我们遇见的第一个古城被称为绍依卢克舍尔（Шойлук-шер，译者注："舍尔"维吾尔语意为"城、城堡"）[2]，好像曾经是佛教寺院。它位于耶克舍姆别巴扎（地方口音，极力简化了耶克舍姆的最后一个音节）西北20—25里处，靠近丘尤克塔格（Кююк-таг）山区[3]——将库车地区与赛拉姆谷地隔开的山脉。这是很高的裸露的悬崖峭壁，有被水冲蚀得坎坷不平的斜坡、山麓；"烧焦了的山脉"这个名字在某种程度上更适合它。在"寺院"里好像有僧舍遗迹。向导告诉我们，从前这里可以看见比现在多得多的建筑物遗迹。这里以及整个达坂库姆都有很多陶片。据说，在这附近的西南部有一个库姆丹舍尔（Кум-дан-шер），我们没有见到它，因为向导无法马上找到它，而那附近有一个玉尔衮舍尔（Iулгун-шер），其形状为椭圆体，一个好像岬角的突起从南面楔入其中部：似乎是残存的墙壁或者窣堵婆。西

---

[1] 在我们到来之前不久，木扎特河突发洪水造成了很大的破坏，甚至部分地改变了河道。这场灾难的主要原因是河坝的状况差；据民间传闻，用于整治河坝的专项拨款落入了当地官员和中央官员的口袋里。

[2] 这里的村庄一个接一个并且紧挨着，因进行巴扎的那一天而叫此名：贸易活动只在固定的日子进行，那时附近的所有居民都聚集到巴扎来进行买卖活动，因此同时也成了节日。村庄常常还有别名，但在经过时并不是总能打听到。

[3] 关于原有的名字，我们再重复一遍在本报告开头说过的警告：如果不经过重复询问、打听并多次验证，那么常常很难保证它们的可靠性。

面是科拉姆舍尔（Корам-шер）。有人向我们解释，科拉姆的意思是指大石头。向导告诉我们，此地是奥卢克汗（Ölÿк-хан）的墓地[1]，在这里找到很多骨头，但不是在棺木中，而是在土里。略向西是沙赫图拉（Шах-тура，来自枯枝"Шах"的单词，因为可以看见枯枝夹层是如何从建筑物里露出来的。"图拉"是维吾尔语的"塔"）。这大概是位于围墙内的两座窣堵婆。向导当着我们的面在沙土里找到了一截箭、一枚汉钱、一粒珠子和一件垂饰，而我们则找到了一些陶片。接着，我们来到了铁吉克。这里到处可见古代灌溉渠的渠床，但现在哪儿都没有水了。

---

[1] 我们不能完全确保这个发音的准确性。

第五章

在吐鲁番地区发现的一些古代物品

1909—1910年俄罗斯新疆探险考察队通过发掘和购买获得数量众多的物品，其中还有 H.H. 克罗特科夫所购买的吐鲁番古物，在写出详细报告前我们将延后系统公布，在这里给出一些实物照片，作为对格伦威德尔教授出版物的补充，特别是对冯·勒柯克博士非常精美的古文物图集进行补充。我们调查性探险考察所获得的物品，无论是在数量上还是在质量上，当然完全无法同德国、英国和法国探险考察队所获得的规模庞大的收集品相提并论。他们在中国新疆探险考察的时间要比我们长得多，更何况我们的考察根本不是致力于博物馆收藏的目的，然而我们仍然收集了一些材料，在某些方面可以对其他探险考察队获得的丰富资料进行补充。

在图版 L 和 LI 中，我们展现了两面观世音菩萨像，据其与其他同类尊像的相似程度判断，它很可能获自交河故城。如果根据大量发现物的完整样品及碎片来判断，这类尊像在吐鲁番地区非常盛行。当然，我们暂时没有准确断定其年代的资料，特别是当这些尊像上没有题记时。但必须指出，这些很像石碑的尊像形状完全有可能是吐鲁番的佛教徒从摩尼教徒那儿借用来的，这些摩尼教徒照样也可以模仿在和田地区发现的古代佛教还愿木板画。冯·勒柯克博士[1]公布的两件有摩尼教图像的尊像引人注目，他详细描述了它们，还公布了同类尊像的简图，这些尊像都有布制绦带和镶边。这一点特别有意义，因为找到的几乎所有尊像都只保存下来有图像的亚麻布和部分镶边。冯·勒柯克博士也以油彩画的形式公布了其他的佛教尊像[2]。先前，格伦威德尔教授在其第一次探险考察的著作中公布了一些同样尊像的

---

[1] 冯·勒柯克:《高昌——第一次普鲁士皇家考察队所得新疆吐鲁番古物图录》（*Chotscho Facsimile-Wiedergaben der wichtigeren Funde der ersten Königlich Preussischen Expedition nach Turfan in Ost-Turkistan.*），图版 3。
[2] 冯·勒柯克:《高昌——第一次普鲁士皇家考察队所得新疆吐鲁番古物图录》，图版 40、41、42。

素描画[1]。A. 斯坦因爵士和伯希和教授从敦煌运走了大量画在亚麻布和绢帛上的尊像样本。

总的来说，这些尊像的构图很单调，其画艺水平很拙劣，特别是画在亚麻上的尊像。

公布的尊像是观世音菩萨，一面是站立的菩萨，另一面是坐着的。尽管很难说，尊像的哪一面应该是正面，并且我们根本不知道双面尊像上的两面是否意义相同，但我们从尊像有题记的那一面开始描述。

尊像绘画部分的长度，从三角形的顶点算起为0.44米，宽度为0.25米。尊像为上面有一三角形的四边形。主像是观世音菩萨，站在风格化的蓝色莲花上，位于中央的红色背景中。躯体为白色，脸部磨损，头发为黑色[2]。其右手放在胸前，呈说法手势，左手垂下，手指向内弯曲。头戴独特的红色头饰，上有金色（黄色的）饰物。从头饰上分出两条绦带，飘摆在头的两侧。头光为蓝色，有黑边，内缘有白条纹。衣服为红色，始自腰部，以褶状垂落在脚踝上，双脚着红色凉鞋，系红色带。有绿色衬里的披帛穿过双肩和腰旁，颈上和手臂上戴有饰物。人物的双脚被另一跪者向两侧伸举的双手支撑着，这个跪着的人物身穿棕红色外衣、黄色内衣。其两侧各立着两个双手合十呈祈祷姿势的人物。所有形象好像都刮光了胡须，外衣为红褐色，比菩萨的褐色更深一些，内衣为黄色，有花纹缘饰。菩萨头部周围是有叶子的花朵，每侧各有两朵，其中的三朵大概是莲花，但所有的花朵都很风格化，使人难以准确地识别它们。尊像主要部分以黄色条纹为边饰，将其与上面的三角形分开，三角形中是在蓝色莲花上的阿弥陀佛，结跏趺坐，双手大概置为禅定印。头光为蓝色，整个形象的身光为绿色，很大，但两侧各有一朵风格化的带叶花朵。菩萨像前面是一个有题记的黄色长方形榜题栏，其下沿边缘处和莲花的下面跪着的人物

---

[1] 格伦威德尔：《1902—1903年冬季在亦都护城及周边地区的考古工作报告》(*Bericht über archäologische Arbeiten in Idikutschari und Umgebung im Winter 1902-1903.*)，例如图版XVI和第73页的简图。
[2] 我们指出这个情况是因为，在晚期的佛教圣像画中，头发被画为蓝色。

旁边有回鹘文题记。B.B. 拉德洛夫院士热情地为我们解读了这些题记，请允许我们在这里向他表示诚挚的感谢。

在人物右上方的榜题中，见有"观世音菩萨"，往下是：Kÿнÿcÿ (?)тутун нун iивiт(?) körки，第三条榜题是：пу Манл тутун нун körки ол，下面的第四条小榜题很清楚，无疑只有"körки"（图像），专有名词不清楚。我们根据第一条榜题得知，描绘的是观世音菩萨，即观音菩萨；稍下是两个人的名字，即昆努苏吐屯（Kÿнÿcÿ тутун）和曼纳尔吐屯（Манл тутун），显然是供养人；第三个人的名字就弄不清楚了。

另一面是呈结跏趺坐的观音菩萨坐像，衣服同站立的观音菩萨一样，只是头饰上有花朵，披帛为红色，带绿色衬里，从腰到半胸处是蓝灰色的束胸，有红色缘饰，用红色绦带扎在胸下。腰部系以蓝色披帛，披帛的两头从双膝上垂下。在尊像的红色背景上，像另一面一样，散布有花朵。尊像上面的三角形，像另一面上一样，也有阿弥陀佛。尊像下面是绿色条纹，大概是有花的青草，青草上有三身跪着的人物，中间的人物举起双手支撑着莲花，观音菩萨坐在莲花上，两侧的另外两人双手合十，他们身上的衣服与另一面人物身上的衣服一样。

图版 LII 中描绘在绢帛上的尊像碎片可作为这类尊像高超技艺的优秀样本，冯·勒柯克博士和 A. 斯坦因爵士也提供了这类尊像的出色照片。因为我们的图版非常准确地再现了原作的色调，所以我们不必过多关注已公布的绢帛画。显然，某个佛的形象位于尊像的中央，我们是根据五彩缤纷的莲花上的一只脚和红色的袈裟来判定这一点的，在主像的左角有祈祷者——供养人。尽管这些人物乍一看好像是一样的，但经仔细研究后我们确认，无论是其类型还是其服饰都是不同的。总的看来，尊像无疑曾经很漂亮，也很雅致。

从样式上来看，插图 66 上的尊像很接近我们刚刚描述的那一类观音菩萨像，只是它的技法不同：尊像画在裱糊在粗麻布上的纸上，曾以粗麻布镶边；其尺寸为长 0.34 米、宽 0.245 米；它大概是单面的；边缘的线头痕迹使我们推测，不管怎样这件尊像下面曾缝上过或曾将什么东西缝到尊像上。绘画笔法非常拙劣：粗糙勾画的轮廓线之间填涂颜色。在中央，菩萨结跏趺坐在红色的莲花上，很有可能是弥勒，躯体为肉色，双唇为红色，头发为黑色。双手置某种印相，大概是转法轮印。衣服为红色，上边有黄色缘饰，头饰、耳环、颈饰及手上的饰物均是金色的（黄色的）。红色披帛搭在双肩上，人物形象腰系蓝色披帛，披帛的两头垂在前面。头部有头光：中间是红色的，然后是蓝灰色的和黄色的条纹；整个形象有巨大的身光：中间是绿色的，然后是红色的和黄色的条纹。两旁和下面有双手合十跪着祈祷的人物，大概是女性，穿着红色衣服，梳着在吐鲁番古迹中常见的蝶形发髻，戴着铃铛状的头饰。两侧各有一人，下面两侧各有两

插图 66：吐鲁番，画在裱于麻布上的纸上的弥勒像

人，中间一人面部直对观者。此人双臂有长袖，折而下垂，她举起双手托住莲花，莲花上坐着弥勒[1]。

插图 67 是画在纸上的尊像碎片，长 0.23 米，其绘画笔法表明其技艺更臻完善。描绘的是菩萨，据祈祷姿势判断，是主像侧面的形象，双手合十，头发为黑色，一缕缕地垂落在双肩上，在耳旁构成了圆圈。头饰和饰物是金色的（黄色的），衣服是黄色和红色的，有蓝灰色缘饰，身体周围是红色披帛，搭在双肩上的棕褐色披帛有绿色衬里。头光为叶状，里面是红色缘边，外面是蓝灰色缘边。菩萨跪在有棕褐色花瓣的莲花上，而有棕褐色花瓣的莲花本身也坐落于有红色花瓣的莲花上。菩萨右下方是跪着的供养人，双手置于袖中。黑发，衣服为黄色。

插图 68 是尊像或者画在纸上的插图的碎片，以其鲜艳的色彩和简单的绘图

---

[1] 在格伦威德尔的《1902—1903 年冬季在亦都护城及周边地区的考古工作报告》和《新疆古佛寺》以及冯·勒柯克的著作中到处都有类似的形象。

插图 67：吐鲁番，画在纸上的尊像局部

插图 68：吐鲁番，纸质写本（？）的一部分

而令人感到好奇。其中描绘的是一个手持回鹘文书籍的僧人。躯体为肉色，黑发，内衣是黄色的，外衣是红色的，有绿色缘饰和玫瑰色衬里，绿色披帛披在后面。僧人处于某个挂有深红色帷幔的房间内。很有可能，我们接触的是彩饰回鹘文写本的碎片。

插图 69 是一画像，其画艺同上述尊像很相似，但区别是，这里无疑是一幅尊像：中间是某个佛，站在玫瑰色的莲花上。躯体为肉色，左手拿着僧人用的饭钵。略令人惊异的是其手上戴着金（黄色的）手镯。内衣为棕褐色，外衣为红色，有黄色条纹，可见有黄色缘饰的绿色披肩。佛后可见一段头光，内有黑色的、红色的和深红色的条纹，边上有黄色的条纹。佛像左边有一跪着的供养人，双手合十。头饰的细节未弄清楚。内衣为红色，裤子也是红色的，外衣为绿色，有黄色缘饰，还有腰带。人物站在地毯上，还可见一块地毯。在祈祷人物的上方有某个人的一片衣

第五章　在吐鲁番地区发现的一些古代物品　103

插图69：吐鲁番，纸上的尊像碎片　　　　插图70：吐鲁番，纸上的尊像碎片

服。在H.H.克罗特科夫的吐鲁番收集品中，还保存下来一些与我们刚刚描述的一样的彩画。

　　插图70是某个王的头像，也许是一个守卫光明世界的天王的头像，但已经完全具有汉画特征。躯体有点微红，黑发，红唇，头上的饰物是金色的（黄色的），前面有两个红色的圆形饰物。

　　在插图71、72上，我们展现的是以墨临摹在纸上的两幅尊像，它们是佛教圣像画家准备用来绘画圣像的样本。也有可能是，根据这些图以对轮廓扎孔的方式制好图案板：在吐鲁番存在图案板，可以根据尊像的画法先验地假定这一点，现在冯·勒柯克博士在高昌古城找到的一块千手观音尊像的图案板也证明了这一点[1]。有趣的是，我们的两幅图描绘的也是千手观音。尽管也有可能根据它们制作了图案

---

[1] 冯·勒柯克：《高昌——第一次普鲁士皇家考察队所得新疆吐鲁番古物图录》，图版45e。正如根据在黑水城找到的一块由8个大支提神像构成的佛像图案板所见，吐蕃人也知道这项技艺。请看我们前文所说的《黑水城的佛教肖像材料》的结论部分。

插图 71：吐鲁番，千手观音　　插图 72：吐鲁番，千手观音

板，但这种可能性极小，因为图非常粗糙，并且非常小。我们不知道发现它们的准确位置，因为它们是购买来的。

插图 71 上的观音菩萨图根本没有标志特征，除两个显然尚未被画出来的标志特征外。这两个标志特征显而易见是太阳和月亮，就像下一件尊像一样，它们属于第二双手。未见戴冠的阿弥陀佛图。

插图 72 描绘的是莲花池，但不像平常那样从池中化生出茎秆，而化生出的是云，然后是安放在云上的莲花。下面池塘旁跪着的人物很有趣：右边是一位四臂长者；其中一只右手被撕掉了，因而很难说出其标志特征；另一只右手持锡杖印（黑水城汉风尊像中的长者有同类的标志特征）；一只左手举向头部，另一只左手向前伸出并托着颅骨。我们不能确定这个人物。其对面是一个供养人。

在欧洲和日本的博物馆中保存有中国新疆的大量尊像，我们非常希望尽快公布它们。这样，令人纠结的尊像风格及其相互影响问题就会明朗清楚些。

第五章 在吐鲁番地区发现的一些古代物品　　105

　　除了刚才我们所列举的佛教古物样本之外，我们还会给出令人好奇的摩尼教遗存的照片，尽管这张照片不是令人完全满意。关于该遗存，我们仅简单地述说几句，因为 К.Г. 扎列曼（Залеман）院士很快将在最近一期《摩尼教文献研究》（*Manichaica*）上公布它，卡尔·格尔曼诺维奇（Карл Германович）非常热情地为我们的报告提供了自己的铭文解读。尽管我们进行了非常认真仔细的搜寻，并许诺高额奖赏，但我们仍未得到原件。当我们在哈拉和卓时，那里是我们住在最靠近胜金口狭谷的地方，有一天有人给我送来了一块木头，其上曾烧烫出某个图像。上面的摩尼文字立即让我大吃一惊，于是我买下了这块木头，同时我认出，用来在木头上烧烫出图像的物品是一块铜片。要时刻准备取悦"鸠里亚"，有人许诺我搞到铜片，但许诺终究仍然是许诺，一个人传说另一个人的话，尽管有丰厚的金钱奖励，但我无法找到真正的拥有者。过了一段时间，还是有人给我拿来了有铜片印样的纸张，非常遗憾，像木头上的印样一样在铭文最有意义的部分有缺损（插图73）。这种情况迫使我假设，原件的这个部分可能也磨损了。一小块有摩尼教图像的纸片就是工人的结算票据！

插图73：哈拉和卓，拓印在纸上的摩尼教圣像

即 רושן .... עי ציהר ןֿè čihr žē .... rôšan，逐字逐句地译为"圣明的（名字未留下痕迹）（所有格）的像"，也就是"神圣的 X 的像"。（К.Г. 扎列曼院士的解读）

第六章

图版部分

Ⅰ. 锡克沁，全貌局部：A 建筑群山丘外景。

II. 锡克沁，全貌局部：东北部外景。

III. 锡克沁，F4，有"大般涅槃"塑像的环形甬道中部。

第六章 图版部分　111

Ⅳ. 锡克沁，F4，环形甬道塑像局部。

V. 锡克沁，F4，环形甬道塑像局部。

Ⅵ. 锡克沁，K13，菩萨塑像。

VII. 锡克沁，A3α，塑像局部：菩萨像。

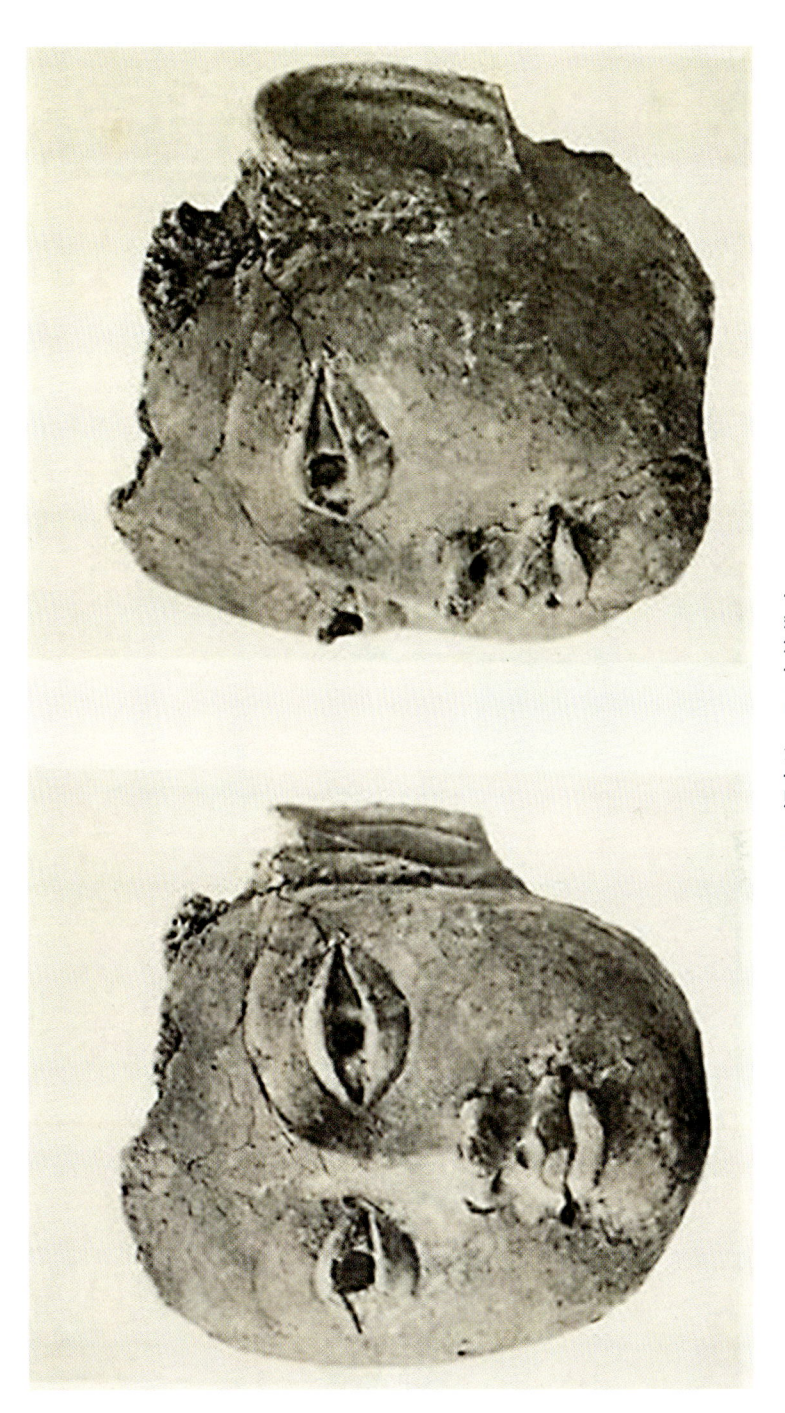

VIII. 锡克沁，F4 中的佛头。

IX. 锡克沁，K9e 中的壁画（彩绘）。

第六章 图版部分 117

X. 锡克沁，K9e 中的壁画（彩绘）。

Ⅺ. 锡克沁，第1窟。

第六章 图版部分 119

XII. 锡克沁，第 5 窟的正面。

XIII. 锡克沁，5β 窟顶部的壁画。

XIV. 锡克沁，第 7 窟残存的立佛像。

XV. 锡克沁，在第 9 窟发现的残存塑像。

XVI. 锡克沁，第 10 窟的平地和正面。

XVII. 锡克沁，第10窟入口门左边的卧像，胸上有守门天的靴子碎块。

XVIII. 锡克沁，第10窟彩绘顶中部的一部分。

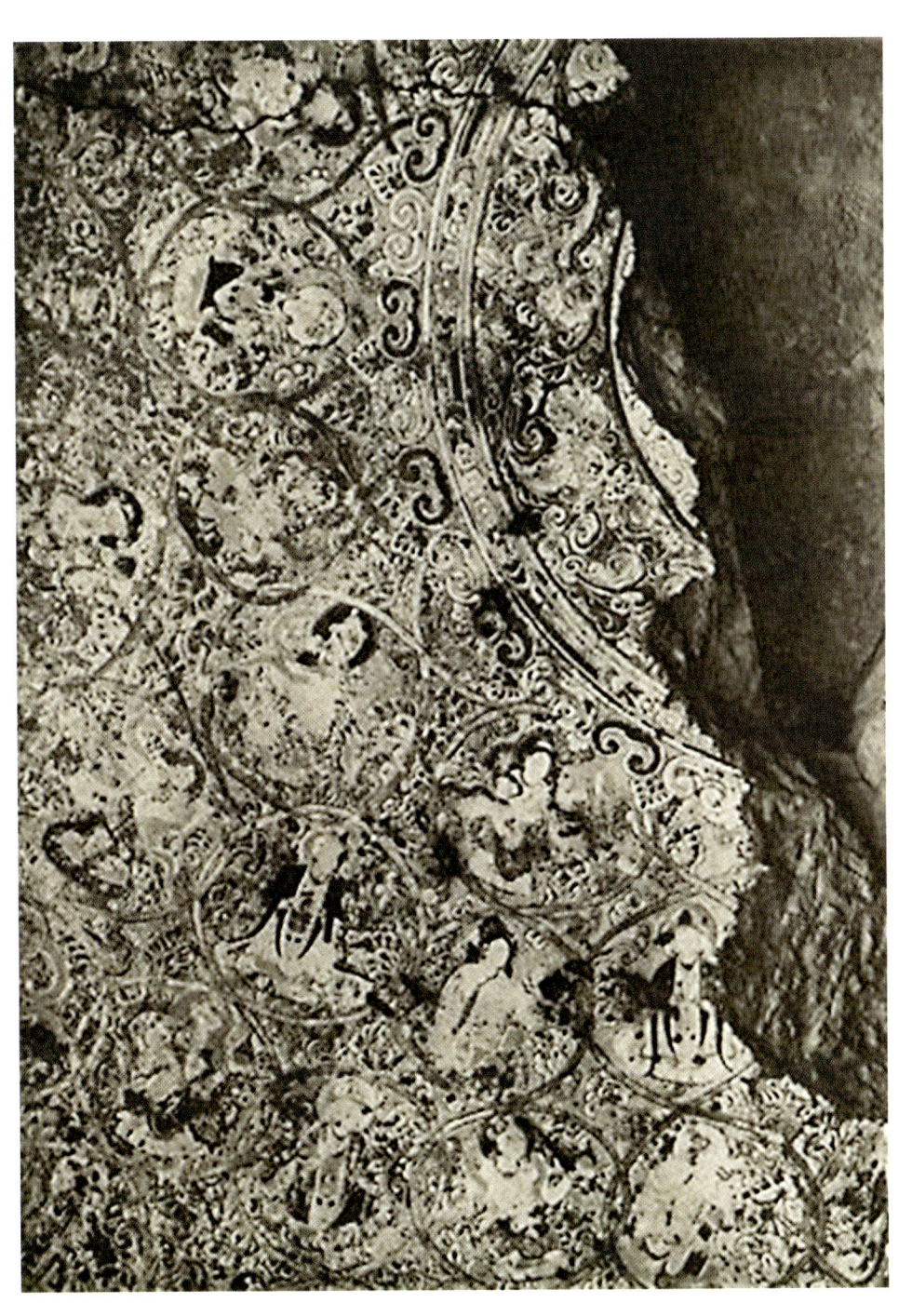

XIX. 锡克沁，第 10 窟的部分彩绘顶。

XX. 锡克沁，第 10 窟邻接侧壁的部分彩绘顶。

XXI. 锡克沁，第11窟的平地和正面。

XXII. 交河故城，101 座支提的部分建筑。

XXIII. 交河故城，小寺院的外景。

第六章 图版部分　131

XXIV. 交河故城，有支提的寺庙外貌和大寺院的院子。

XXV. 高昌古城，Z寺庙的内部。入口门的右边，左边是残残存的五尊佛像台座。

XXVI. 高昌古城，古城郊外的大墓地：东部的窣堵婆，围墙上的假门。

XXVII. 高昌古城，西部窣堵婆群中的一座窣堵婆。

XXVIII. 塔雷克布拉克，84 大成就者居者主像右侧壁的部分壁画。图版上可见左边第三个形象被人从底部锯开，边缘断开，但并未被取走。

XXIX. 萨西克布拉克，有壁画的部分墙壁；阿罗汉（圣者）窟主龛右边。

XXX. 萨西克布拉克，第14号建筑物。

XXXI. 胜金口，第1号寺庙正面。

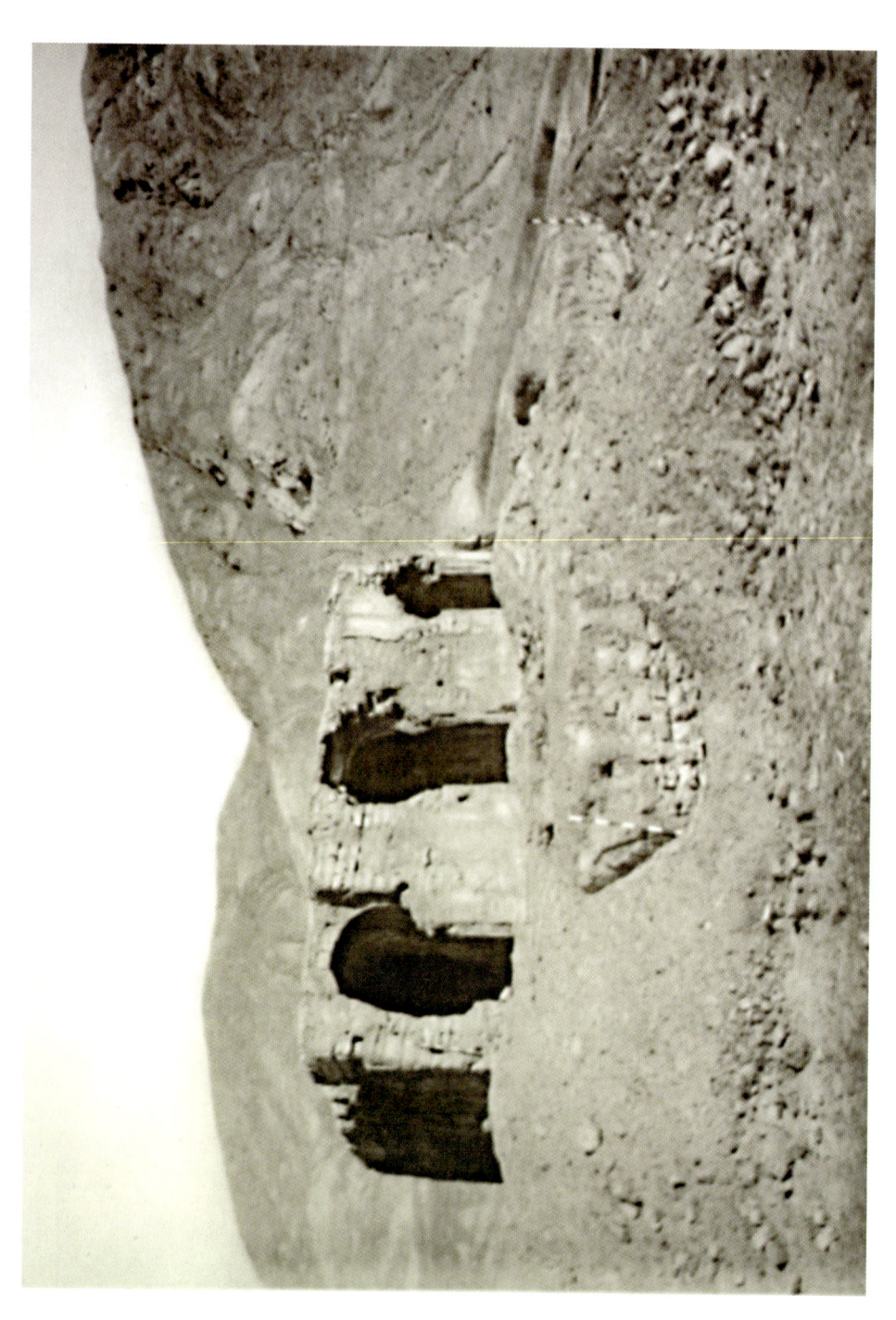

XXXII. 胜金口，第6窟，有星座（星宿）图。有未来佛菩萨最后一次出家（Abhiniskramana）图的圆弧顶中间的圆形和圆弧顶的部分壁画。

XXXIII. 胜金口，第6窟，入口对面墙壁的壁画。

XXXIV. 胜金口，第 7 号寺院，从山坡上看到的面貌。

XXXV. 胜金口，第 9 号寺院，从山坡上看到的面貌。

XXXVI. 胜金口、第 9 号寺院，东北角的僧舍。

XXXVII. 胜金口，第 10 号寺庙。A 室（格伦威德尔编号），我们的编号：1 室。

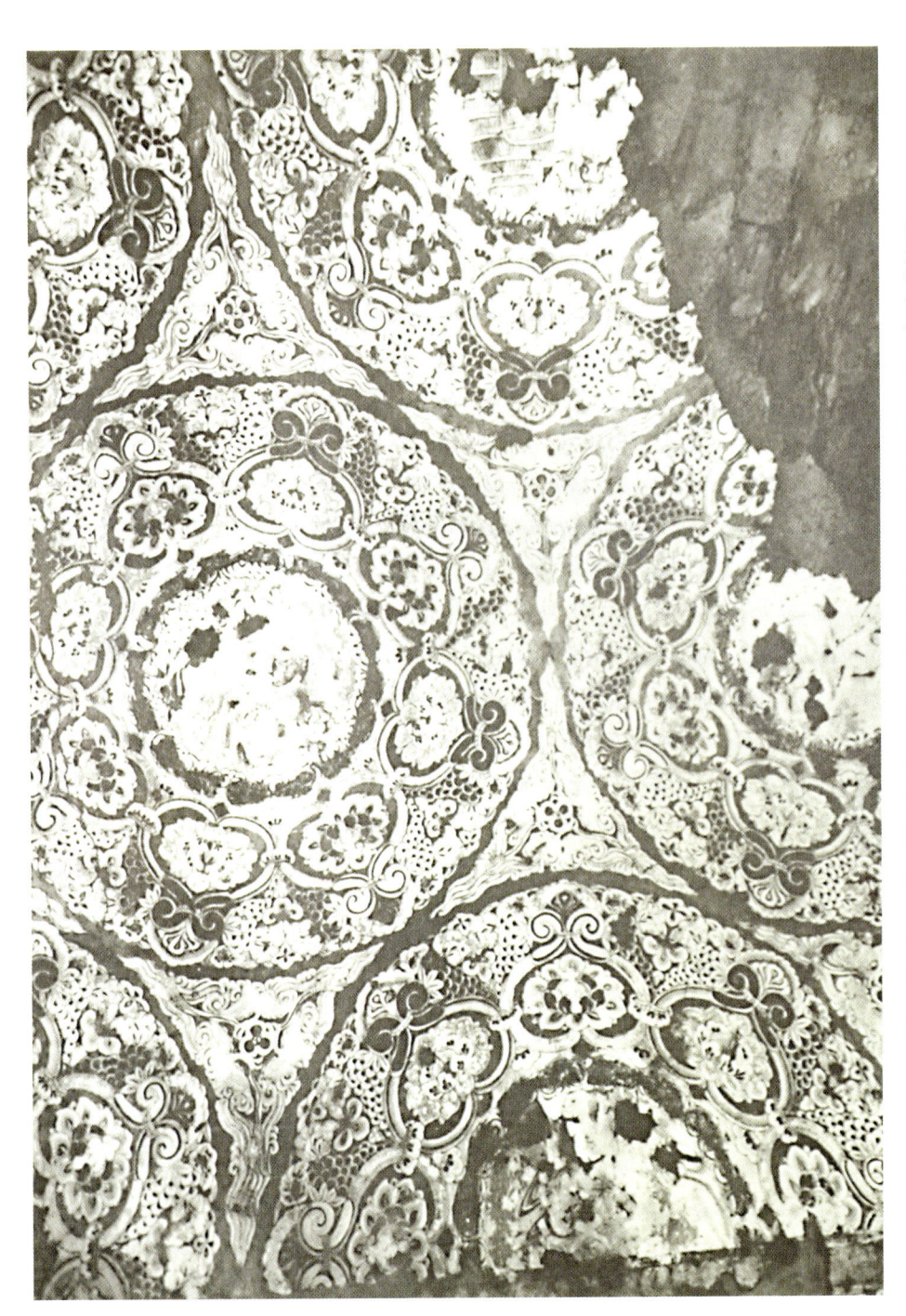

XXXXVIII. 胜金口，第10号寺庙。B室（格伦威德尔编号），我们的编号为2c室。部分彩绘顶。

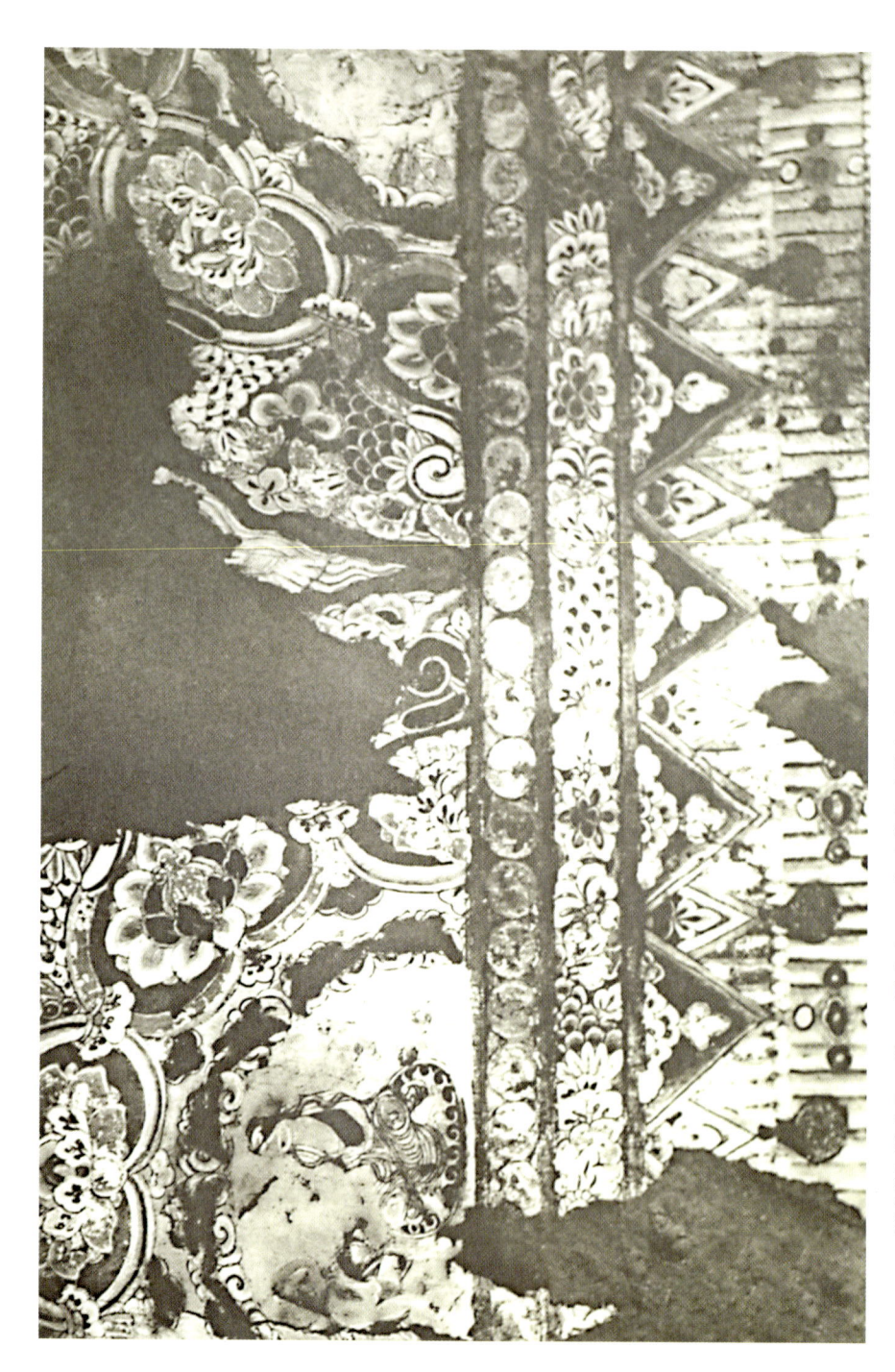

XXXIX. 胜金口,第 10 号寺庙。B 室(格伦威德尔编号),我们的编号为 2c 室。从彩绘顶到墙壁的交界处。

第六章 图版部分　147

XL. 胜金口，第10号寺庙。B室（格伦威德尔编号），我们的编号为2c室。从彩绘顶到墙壁的交界处。

XLI. 胜金口，第 10 号寺庙。D 窟（格伦威德尔编号）全貌，我们编号为 3a 窟。

第六章 图版部分 149

XLII. 柏孜克里克,第 23 窟(格伦威德尔的第 25 窟)后室后壁的壁画。

XLIII. 柏孜克里克，第 42 窟（格伦威德尔的第 7 窟）的壁画。

XLIV. 柏孜克里克，第 43 窟（格伦威德尔的第 6 窟）全貌。

XLV. 柏孜克里克，第 45 窟（格伦威德尔的第 4 窟）环形甬道顶部的壁画。

XLVI. 霍扎姆布拉克，狭谷左面寺庙入口墙壁上的壁画（格伦威德尔标为木头沟3区，寺庙G）。

XLVII. 伯孜克里克，东边第2窟（格伦威德尔标为木头沟2区H2窟）顶部的壁画。

XLVIII. 吐峪沟麻扎，河右岸的寺院。

XLIX. 吐峪沟麻扎，河左岸的寺庙群和石窟群。

L、LI. 吐鲁番地区，观音菩萨尊像的两面。观世音菩萨，H.H.克罗特科夫得自吐鲁番地区并转交给探险考察队。

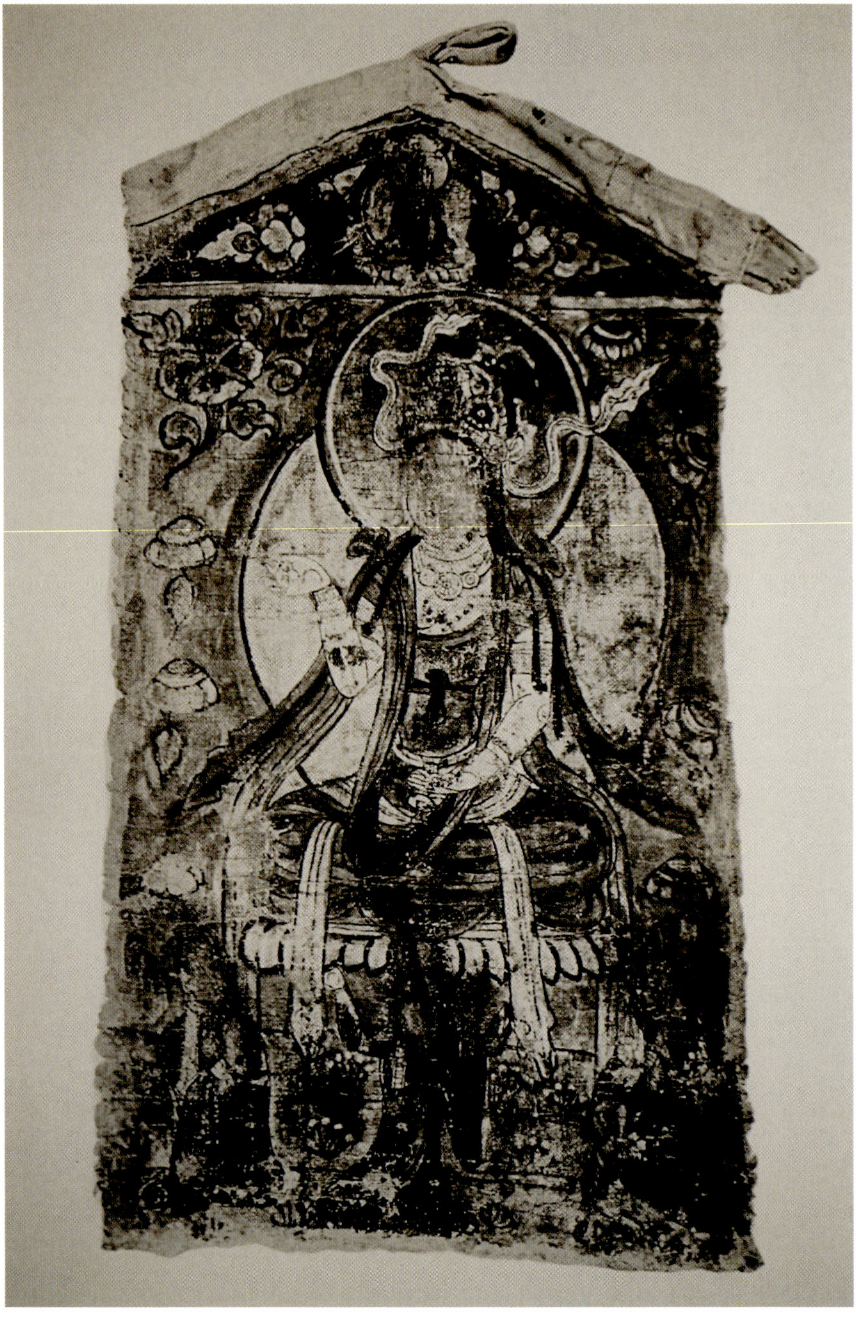

第六章　图版部分　　159

LII. 吐鲁番地区，绢帛尊像碎片。H.H. 克罗特科夫得自吐鲁番地区并转交给探险考察队。

LIII. 库车地区，克孜尔。格伦威德尔教授标为"阶梯窟"的洞窟中的壁画（格伦威德尔：《新疆古佛寺》，第117—119页）。

图书在版编目(CIP)数据

1909-1910年俄罗斯新疆探险考察初步简报 /（俄罗斯）奥登堡编著；杨军涛,李新东译. -- 上海：上海古籍出版社，2024.9. -- （丝路考古研究经典译丛 / 赵莉主编）. -- ISBN 978-7-5732-1330-3

Ⅰ. K872.45

中国国家版本馆CIP数据核字第2024QP2123号

1909—1910年俄罗斯新疆探险考察初步简报

〔俄〕C.Ф.奥登堡　编著

杨军涛　李新东　译

赵　莉　校

上海古籍出版社出版发行

（上海市闵行区号景路159弄1-5号A座5F　邮政编码201101）

　（1）网址：www.guji.com.cn
　（2）E-mail：guji1 @ guji.com.cn
　（3）易文网网址：www.ewen.co

上海丽佳制版印刷有限公司印刷

开本700×1000　1/16　印张11　插页4　字数165,000

2024年9月第1版　2024年9月第1次印刷

ISBN 978-7-5732-1330-3

K・3696　定价：98.00元

如有质量问题，请与承印公司联系